天下雜誌出版
CommonWealth Mag. Publishing

林靜宜——著

勇敢與真實

LOVE INSPIRE VENTURE

Liv創辦人杜綉珍的顛覆與創造

目錄 Contents

第二部

Love, Inspire, Venture
愛的覺醒
你就是世界

第三部
Beyond Challenges
貼地飛翔
超越界限的能力

推薦序

我們，相互成就

羅祥安

聽到杜綉珍（Bonnie）要出自傳，由林靜宜著書的消息，讓我充滿了好奇和期待。

Bonnie 是我共事五十年的好朋友、事業夥伴，我自認為對她有相當程度的瞭解。

林靜宜是十幾年前，因為她著作《捷安特傳奇》而結識，後來成為朋友。她過去幾年陸續出了好多本膾炙人口的企業名人傳記，愈寫愈好。

當這兩位特別的女人碰在一起，會蹦出什麼樣的火花，靜宜又將如何定義和呈現Bonnie呢？

迫不及待地打開書稿，一看到封面的書名：「勇敢與真實」。我心中興奮的吶喊：「靜宜真的完全抓住Bonnie了！」

看完全書，很佩服Bonnie勇敢的讓靜宜將她從小到大真實生活的點點滴滴以及各階段的心路歷程，完全的，真實的，赤裸裸的，活生生的，呈現跳躍在這本書的每一個頁面上，真是太精彩了！

Bonnie有一個很特別的天賦：做什麼，像什麼。

巨大Giant的成功，許多人認為得力於劉金標（King）董事長和我這個相輔相成完美結合的Team（團隊）。的確，在創業的前二十年，King全心投入在製造和產品技術的創新，我則全球奔波建立捷安特品牌和經銷網，巨大因此得以快速的成長茁壯，在全球自行車業打開一片天。這段時間公司雖然只有一個會計課負責財稅，倒還勉強可以應付平日業務。

但當我們在全球廣設公司，成為一個國際化企業後，財、稅、法、稽核等專業分工以及英文溝通能力，成為公司明顯的短版，甚至可能成為未來致命傷。當時巨大還是廠辦合一，工作地點又位在大甲，物色人才特別困難。King 只好說服遠嫁馬來西亞十年的 Bonnie 回來接任財務長。

沒有財會背景的 Bonnie 勇敢接受挑戰，並在自己研修或向外部專家請益之下，成功建立了巨大全球的公司治理體系，也帶動公司完成上市，成為外資法人心目中「最值得信賴的 CFO」。

我們三人，King ／ Tony * ／ Bonnie 形成堅強的「金三角」，帶領公司逐步成為優秀的全球企業。

二〇〇五年，捷安特品牌已穩定發展，但我卻深深體會到全球的品牌，包括巨大在內，都沒有人用心地開發真正符合女性健身運動需求的正確產品。於是我在公司內成立「Giant for Women」的專案，找來女性設計師研發女性專用的產品，並且在店裡設專區試賣。經過兩年，成效有限。身為男人，我必須承認，我實在無法真正體會什麼樣的產品才能打動女人的芳心。

我從自己建立捷安特品牌的經驗裡學習到，要成就一個品牌，需要一位有熱情、有理想、願意全心投入、長期堅持到底的「品牌領導人Champion」才有成功的可能。對捷安特品牌而言，我就是那個人。

同樣的，女性自行車品牌若要成功，也必須要有這樣的一個人。

我的答案就是：Bonnie。

＊編按：Tony為羅祥安英文名。

當我邀請 Bonnie 來擔任女性品牌領導人的時候，我看見她的雙眼閃著激動光芒，但是她說：「可是我什麼都不會，產品、技術、行銷我都沒做過。」我回答：「這就是妳的優點，因為妳沒有任何包袱，可以在一張白紙上隨心所欲畫出妳的夢想。」

Bonnie 堅定地點頭：「品牌就交給我吧！我一定會把它做成功！」

之後的十幾年，如本書內詳述的，在 Bonnie 身體力行的領導下，Liv 終於成為全球第一的女性專業品牌，創新改寫了自行車業的傳統歷史，為全世界女性持續作出重要偉大的貢獻！

回顧我在巨大的五十年裡，我做了兩件重大而有意義的事。

第一件：是我打造了「世界捷安特」品牌，並且開創了「捷安特的世界」。

第二件：是我把剛出生的「Giant for Women」交到 Bonnie 手中，由她打造成「世界的 Liv」品牌，並且開創了「Liv 的世界」。

Bonnie 成功的賦予 Liv——讓女人作自己的使命，和美好、強韌的百年品牌的生命力。

Liv 也回饋給 Bonnie——一個更健康快樂、更有活力、更豐盛美麗的人生。

Bonnie 和 Liv 相互成就！

（本文作者為巨大集團前執行長）

推薦序

浪漫與前衛

蘭萱

我們常說，認識一個人，不能只聽他說什麼，要看他做什麼；不能只看他成功的時候，更要看他如何面對挫折失敗。

我認識 Bonnie，就是從她做了什麼開始的。

在我有幸因學長孫大偉邀請，第一次跟著標哥（巨大創辦人劉金標先生）騎乘，關於 Bonnie 做了什麼的種種，便時常有人提及談論，彷彿風中閃耀的傳說。尤其是 Liv 和搖滾玫瑰的故事。

相映吳爾芙說，女人要寫小說，需要有一個自己的房間；呼應她很欣賞、也是我極愛的現代舞蹈先驅鄧肯用自身去實踐女性解放與自由，Bonnie在二〇〇八年成功創立屬於女性的自行車品牌，寫下全台也是全世界第一。

Bonnie是左右腦都發達的人。她先以理性訴求輔以專業技術，凸顯因身材比例不同於男性，女性需要一台屬於自己的自行車，顛覆當時專屬女性的只有戲稱買菜車的淑女車，為車市也為女性打開一片藍海。當我騎完「京騎滬動*」後想買車，標哥女兒Vicky（劉麗珠）就是這麼說的，噢，那你一定要去Liv，挑一台真正適合你的、女生的車。

造出女性專屬車當然不夠，Bonnie以浪漫前衛的搖滾玫瑰形象，進一步邀請現代女子走出戶外跨上單車。她倡議讓雙輪成為一對翅膀，激勵女

---

* 京騎滬動為巨大創辦人劉金標在二〇〇九年領騎，以二十天從北京騎自行車到上海，總里程數長達一千六百六十八公里的單車挑戰紀錄。

性可柔媚可剛強，用環島行動追尋自由與夢想。當年受邀美麗上路的偉太廣告雪莉，跟我聊到首度環台勇腳變鐵腿的經驗，眼裡有光至今難忘。

如果你以為，這只是把一門生意成功包裝成一場「宛如」現代女性啟蒙運動，是小看了 Bonnie。在我看來，迄今為止她所做的一切，正是她的豐富淬礪人生所相信、追求且一步步自我實踐的一切。這從她今年七十五歲剛完成一百七十五公里挑戰的過程，可以得到印證。

原本，Bonnie 挑戰成功當晚的慶功趴，我也應該在場的。

沒在場的原因，是四月那場花蓮大地震，震掉 Bonnie 精心設計來慶祝自己邁向堂堂七十五歲，一段騎乘花東的「175Km 一騎舞」計劃。在 Bonnie 以身作則督促下，大夥認真練騎了兩個多月，活動突然取消的確很可惜，不過一百七十五公里的騎行實在頗硬，既然老天爺不讓騎，我也樂得順勢開溜另做安排。但這顯然不是 Bonnie 的作風。

「想起來有點嘔，好不容易排了一個行程，突遇亂流，越想越不甘心……」，沒多久，「一騎舞」群組跳出這段訊息，Bonnie 以超乎想像的光速規劃好新的一百七十五公里方案，邀請大家改從八里騎到台中，「當然沒有原計劃那麼完美……，但以後想起來會是人生一件有點辛苦、有點成就感的趣事。」

我不知道後來完騎的朋友是否都同意是件「趣事」，但毫無疑問，這就是遇到挫折橫逆，永遠沒有中途放棄這個選項的 Bonnie。不論是不可抗力的地震或三鐵比賽前不慎摔飛的意外，只要是想做的、該做的，她總是堅持到底，備有B、C、D方案。

Bonnie 是個可以三百六十度從不同角度認識的女子，但也可以簡單到純粹欣賞她騎車。

Bonnie 騎車的樣子很好看。神采飛揚、時尚亮麗，有時燦笑如開心少女、有時帶點不服輸的霸氣女總裁模樣，偶爾閃過桀驁不馴的神情就像擁抱自由的短髮鄧肯。更不用說，那有腰有臀不像七十五歲的窈窕身影，完全是無齡時代的完美代言人。

望著她，如同讀完這本濃縮奇幻冒險人生之書的感覺，你會忍不住的好奇，究竟她是哪裡來這麼多用不完的活力熱情、燒不盡的旺盛鬥志、擊不倒的勇氣韌性，可以把自己的一輩子活成別人幾輩子的精采，可以融合理性感性浪漫前衛於一身，活出一個立體又超有戲的魅力典範。

如果可以，你會想要向她看齊，你會因此生出力量。

（本文作者為資深媒體人、中廣蘭萱時間節目主持人）

推薦序

偶然與矛盾

涂子謙

這本書的書名是「勇敢與真實」。讀完之後，或者說，在書裡所描述的故事發生之後，我想這一切也可以稱為「偶然與矛盾」。雖然聽起來有點逆耳，但這就像是所有運用智慧與善意所策劃的事情，結果卻可能失敗，而無心插柳的神來一筆，結果卻是成功與豐收。

生活中的「偶然」，總是出其不意，必須用勇氣來迎接，而矛盾從來就沒有完美的解法。世界的複雜和矛盾往往被「回憶中的美好故事」所掩蓋，尤其是那些描寫所謂「偉人」的神話。但事物是複雜的，生命是顛覆無常的，有與無處於同物之中。比如，在我母親的生命中，父母精心策劃的安排，變成了最糟糕的結局；看似最低潮的時刻，釀成了成功和幸福的基礎。書裡真實地呈現這種混亂，在矛盾中掙扎，不以線性訴説的掩蓋筆法來呈現它，這就是真實。

但最重要的一點，作者林靜宜常把母親的個人「選擇」放在書中的主視角。真正重要的是，這些選擇是基於約束。偶然是約束，同時偶然也是自由。在我母親的故事裡，有許多特徵都是基於你無法選擇的情況。像是出生的時代、社會、政治、父母（和他們的背景）、性別，甚至個人個性都是無法選擇的。這些都是偶然。但這些你無法選擇的事情，也會因為存在內部的矛盾而崩潰，並引發預料以外的事實。正是因為有約束，選擇才能夠實現自由的偶然性。

Liv 就是這一切的體現。母親對父母的孝道，促使她傳承與延續他們在公司的使命；母親對自己身為女性的奉獻，促使她發展 Liv 這項創新。勇敢面對偶然，如實面對矛盾。

閱讀這本書也讓我們看到了英雄的另一面。通常男士們喜歡把英雄描繪成一種獨立個體，白手起家，戰勝敵對勢力，最終找到自己的特殊力量。然而，書中的英雄（母親）是能夠接受時代環境的約束，不是想像中的萬夫莫敵。她被賦予了一份傳承事業，她受到了父母、朋友、同事的幫助，她結識了商場上的導師、一路上遇到的恩人。她的特殊力量實際上是她對家庭、朋友、長輩們的一份忠心與孝心，以及對她自己身為女性的奉獻，並將無法選擇的事實，變成優美的繁花。改變有魔法嗎？對於「偶然」帶給她的啟發，就是勇敢地學習，真實地呈現。

這本書的寫作，不僅對母親別具意義，對我們整個家族來說也是一個非常重要的時刻。在這個過程中，每個家庭成員和朋友們，都能夠從作者林靜宜的筆觸裡，看見那些也許連我母親都不知道的觀看視角。其實，書裡也有許多片段是我不知道的，像是我外公曾經歷的牢獄之災；或者一知半解的，像是父母的戀愛故事。非常感謝作者林靜宜耐心的採訪與書寫，給我們家人與親朋好友很難得的反思機會。

所有的過去都是某種現在的過去。本書的結尾並不是故事的結局。這裡我也很欣賞作者在書中最後一個字「安可」。如果再十年後寫同一本傳記，我相信一切都會再次改變。這就是冒險家的命運。

（本文作者為杜綉珍長子、英國布里斯托大學哲學系資深講師）

自序

煙花與櫻花

杜綉珍

我爸媽相繼在二〇二一年、二〇二三年過世，之前兩人都在病榻上度過一段很折磨的日子，尤其是父親，七十好幾就有了失智的徵兆，在媽媽悉心照顧下，由金錢堆砌起來的三班輪值特別護士、物理治療復健師、按摩師、兩名外勞以及忠心耿耿的司機兼隨扈，父親以高壽九十四歲離世，參與這樣的過程，我深深覺得，自己一定不要過這種如此沒有尊嚴的日子。

記得爸爸在七十歲正式退休，診所停業，醫師執照繳回、註銷，我曾建議他應著手把一生經歷寫與世人知。他經歷過日本殖民時期，直到二次世界大戰結束的一九四五年，才知道自己不是日本人。而後，迎來了國民黨、二二八事件、台大醫學院的白色恐怖……，父親的人生跨越了台灣從極度的貧窮到 COVID-19 時的繁榮，其實這種經歷很值得被記錄下來，但他拒絕了我，認為：「這沒什麼值得好說的。」

我出生在大陸人所形容的，蔣匪逃台的一九四九，也是中華人民共和國的同齡人。自我有記憶開始，家裡生活很清苦，那時的台灣，大部分的人日子都不好過，記得小時候，我把人家的痱子粉打翻，因此被媽媽毒打了一頓。從戒嚴走過解嚴，後來能到海外去，我的經歷也算多姿多彩！從學生時期的文青範，到美國後，決定掌握自己的人生，回台求職直至四十二歲的一九九一年底，再次加入巨大，實質參與了公司的經營管理。

猶憶當時的巨大雖已聲名大噪，稅後利潤卻不到台幣一億，到二〇二二年翻了五十倍，一路走來的艱辛與騎自行車登武嶺沒有不同。疫情期間，自行車賣翻天，疫後全球（除中國外）庫存高漲，而我也在二〇二四年迎來了七十五歲，所有的試煉、所有的創傷、所有的果實，都是最真實的經驗，也累積了心得。

在我僅剩的耳聰目明，時間飛逝如流沙，多麼想把這些椎心刺骨、刻骨銘心的經驗分享給我從來沒有過的女兒*！話雖說，歷史會一再重演，不經一事，不長一智，但一定要痛過才學得會嗎？希望我的經歷能讓人少走些冤枉路，讓陷於困境的人，有個借鏡得以找到啟發。

不論是男，是女，是長，是幼，人生只有一次！

我一直覺得，人生應如絢爛的煙花、詩意的櫻花，綻放時全力以赴，散落時瀟灑自在。把握當下，別渾渾噩噩，否則當你面對人生落幕時，如何給自己一個交待？

謹以此書獻給
我摯愛的父母及家人
全球巨大夥伴們
以及所有不耽於平凡的靈魂

＊編按：杜綉珍育有兩個兒子，此指獻給所有讀者，不論性別。

作者序

讓你的「不來梅樂隊」響起吧！

林靜宜

Hi！你好嗎？

很開心這本書能與你相遇。

或許，你是因為好奇而打開這本書；或許，你是自行車愛好者，對這個領域充滿熱情；或許，你認識或聽過杜繡珍，對她的故事產生共鳴；或許，偶然間發現……，邀請你一同探索這段充滿勇氣與啟發的旅程。

我是傳記作家，也是占星學家，十多年來，我在一個又一個的小宇宙裡深入挖掘靈魂成長的礦脈，也從書寫品牌與企業家傳記裡，明白了境遇不會真的導致一個人的失敗或成功，而是讓他們看見自己的本質，恍然大悟存在主義之父齊克果的語重心長：「這一生最大的絕望是不知道自己是誰。」

杜綉珍，是一個勇敢與真實的靈魂，她無與倫比的感染力、無畏的挑戰精神、顛覆框架的行動力，以及不被定義的創造性，深深觸動了每一個與她相遇的人。全世界有許多女性受到她的影響，開始愛上讓自己快樂的方式，當然，騎自行車只是其中之一，更重要的是，學會有能力愛自己。

愛自己的能力，從來無須外求，只需向內探索。這本書是寫給千千萬萬的杜綉珍，在現實標籤、在外在框架、在定義限制下，想要勇敢，想要真實，想要自我覺醒，不想就這樣出生老去的每一個靈魂。

她活出的故事令人過癮，我詳述於書裡，但真正目的是透過她，帶領你探索內心真正想要的自己，並開始對人生上癮。若還能啟發你在事業、家庭、生活、友誼、夢想上，為自己去改變、去行動、去創造，且無論在哪個年紀，仍然懷著嚮往，就是這本書最大的價值了。

探索，才有機會遇見那個擁有巨大潛力的自己，而這種探索是一生的追尋，直至最後一息。

就像格林童話《不來梅樂隊》中的驢子、獵犬、貓與公雞，四隻因年老被主人拋棄的動物攜手組成樂隊，互相扶持，展開自由、勇氣、友誼、夢想的冒險旅程。讓你的「不來梅樂隊」響起吧*！

有些路，我們都會經歷；有些傷，我們也會體會；有些事，我們終將學會。後來的我們，終於明白了生命的種種經驗，它們的意義不在於要你被定義，而在於成為你的指引。

祝願我們都能成為勇敢與真實的靈魂！

＊德國不來梅市以牠們的故事打造青銅雕像（Town Musicians of Bremen），猶如為世人打氣的啦啦隊。

引言

二〇一二，WOMEN

讓我們回到二〇一二年吧！

就在二〇一二年，希臘出生的朱莉安娜．布琳（Juliana Buhring）以一百五十二天，騎乘兩萬九千公里，成為第一位環遊世界一周的女性自行車選手。那一年，倫敦奧運的參賽女性運動員突破新高，每個參賽國至少有一名女性選手，也首度將女子競輪賽納入自由車比賽中的正式項目，這項二〇〇〇年納入奧運自由車比賽的正式項目，原本只有男子競輪賽。

宣布奧運開幕的英國女王伊莉莎白二世更是唯一兩次宣布夏季奧運開幕的國家元首，自行車是這位曾經從軍的女王與妹妹瑪格麗特公主的快樂回憶，她們的成長照片裡除了柯基，還有兩姐妹騎單車時的開懷模樣。

千年來，女性平權難以鬆動的穆斯林世界，二〇一二年迎來轉折點。首部全程在沙烏地阿拉伯取景拍攝的《腳踏車大作戰》受到各大國際影展矚目，它是沙烏地阿拉伯史上第一位女導演海法・曼蘇爾（Haifaa al-Mansour）所編導的電影作品，拍攝期間受制於保守民風與道德警察，她只能在車裡透過對講機導戲。

穆斯林文化裡，女性想騎單車是要爭取的權利，還會遭到家人及宗教族群的阻止。電影中，樂觀開朗的阿拉伯小女孩瓦嘉達（Wadjda，也是原文片名）夢想擁有一台腳踏車。母親因宗教信仰極力反對，天性樂觀、古靈精怪的瓦嘉達想方設法籌錢，感動了自行車店老闆幫她保留心儀的綠色自行車。為了儘快存到錢，她報名可蘭經比賽，從完全不會到贏得比賽，但女校長得知瓦嘉達的獎金用途，竟然以騎車會損害女性名譽為由，把獎金捐出去……。

最終，媽媽希望女兒快樂，為她買下那台自行車：「老闆說這台車是保留給一位勇敢的小女孩！」

走完二〇一二年，沸沸揚揚的瑪雅末日預言只是傳言，末日沒有來，新的未來悄悄來了——象徵自由、獨立、愉悅與行動力的自行車加速踩動了性別平權的世界。正如小女孩的勇敢、母親的覺醒，或許，我們能定義二〇一二年是「WOMEN」勇敢覺醒的時代座標。

踩動「女性騎乘世界」的杜綉珍

二〇一二年，在那些用自行車踩動世界的女子裡，還有一個正在書寫的劇情長片，那就是杜綉珍（Bonnie Tu）的故事。

其實，那一年的倫敦奧運場上，自行車選手瑪麗安娜．沃斯（Marianne Vos）就是騎著巨大集團為她客製打造的「Giant TCR Advanced SL」，在七月二十九日女子公路車賽中贏得夢寐以求的金牌，這也是巨大集團第一個奧運冠軍。倫敦奧運成了巨大集團扎根女性專業自行車領域的前哨戰，向世人證明，巨大集團能在男性自行車成為領導品牌，也能在女性的競技場脫穎而出。

幫助專業選手拿下國際賽事金牌是企業品牌的一項成就，當時，台灣總部還有一個翻轉全球自行車產業的革命，正從起源地台灣走向世界。

二〇〇八年，杜綉珍在巨大集團創辦全球第一個女性專業自行車品牌Liv，這是自行車界的第一次女性覺醒革命——打破以男性為主的產業思維，其中一個目標是讓佔世界人口數百分之五十的女性得以真正擁有從自己生理結構與肌力模式去研發的全系列專業自行車。而且，品牌從研發到行銷，團隊全是女性，也因此，這股自我覺醒能量先在Liv團隊裡發酵。

「二〇一二是Liv的覺醒年，我們開始做Rebranding（品牌再造），」Liv創始團隊成員之一、負責商品設計的林美孜形容，團隊在頭幾年強調女性跟男性的不同，「做著、做著就覺得品牌要做的不是一味去找出不同，

Liv 本是為女性而生，女性需求是什麼就是什麼，不管這個需求跟男性相不相同。」也是自二〇一二年開始，展店能量從台灣、中國大陸延伸至華語之外的地區，先後在日本東京開設二子玉川門市[1]、法國巴黎設立 Norte Dame 的 Liv 專區，再至澳洲雪梨、英國、加拿大、美國、杜拜……等，「Bonnie 帶著團隊走上全球市場磨練，我們有用不完的勇氣，試圖闖出一條 Liv Way，」同樣是 Liv 創始團隊成員、負責行銷的詹立慈說。

不只是創辦 Liv 品牌，作為經營全球自行車領導品牌的企業家，杜綉珍是出色的。

二〇一七年，她接任巨大集團董事長，挺過中國共享單車危機、全球新冠疫情，帶領五十年的集團創新轉型，早早瞄準與布局 ESG，在內部落實為執行目標，對外則由巨大發起自行車永續聯盟（Bicycling Alliance for Sustainability，BAS），帶領上下游供應鏈減碳，倡議自行車碳權。

她被全球業界稱作自行車教母，為產業帶來改變，杜綉珍也成為自行車運動愛好者。女子環法自由車賽（Le Tour de France Femmes）在二〇二二年邀請她參加邀請賽，她是第一位受邀的亞洲女性與華人企業家，七十三歲的她成功完成六十六公里、爬升九百九十公尺的挑戰，從法國塞納河畔巴爾至奧布河畔巴爾，騎行各種不同路況，包括柏油路面、礫石路面、未鋪設路面、急彎、陡坡等，十分考驗騎乘實力。

她更在二〇二三年獲頒世界自行車日「終身成就獎」，是第一個仍在職場卻榮獲終身成就獎的人[2]。

然而，自行車回饋給她的更多，激發了她對生命的熱情與使命，特別

---

1 日本東京二子玉川門市是巨大集團第一間男女混合店面，有別於之前的 Liv 專區，Liv 產品佔了一半的門市空間，也是二〇一四年雙品牌門店的基礎，也成了日本獲利最高的門市。

2 聯合國在二〇一八年訂六月三日為世界自行車日，大會認為杜綉珍長期推動自行車騎乘並身體力行，尤其為推廣女性騎乘，於二〇〇八年創立全球唯一專屬女性的自行車品牌「Liv」，從女性的觀點，打造女性騎乘所需的自行車產品與服務，並透過自行車運動啟發女性自我的無限潛能，因此於二〇二三年獲頒「終身成就獎」。

是進入第九個七年之後的人生階段。

人生召喚從一個問題開始

我們的一生中會有許多機會與挑戰，讓你能從老舊與熟悉的模式，轉變到冒險與全新領域。杜綉珍在五十六歲到六十三歲之間，遇上了這一生的召喚。

這個人生召喚，從一個問題開始——**女生為什麼沒有自己的自行車？**

自行車在十九世紀問世，爭取女性投票權的美國民權運動領袖蘇珊．安東尼（Susan Anthony）曾形容，自行車是女性的自由機器。因為自行車，女性可以單獨出門，可以騎單車去遊行，參與婦女投票權的社會運動。

蘇珊．安東尼被譽為真實版自由女神，美國曾以她的肖像製作一美元硬幣。她八十歲退休時期許，所有美國女性擁有投票權的時刻終將到來，「我應該等不到了……，但這不可避免，就像我們不能永遠奴役黑人，也不能永遠剝奪一半人民的自治權，我相信這會被下一代人完成。」

如果說，沒有民權運動領袖蘇珊畢生努力爭取女性投票權，性別平權的世界還離得好遙遠。杜綉珍讓自行車——蘇珊口中的女性自由機器——在性別平權上有更大開展。她在男性的自行車產業中帶來一場革命，人類史上第一個從自行車的研發、設計、製造到教育皆以女性為本，推動女性騎乘世界的品牌。

不過，蘇珊．安東尼可能難以置信，在自行車問世百年後，放眼全球，女性專業自行車品牌至今只有「Liv」，而且是來自她從未踏足的台灣。

在杜綉珍投入之前，女性自行車像是男扮女裝的產物，產業根深蒂固把自行車視作男性的戶外運動，女性車友是少數族群，世界大廠不會為少數人開發新車架、新模具、新零件，全球自行車品牌所推的女性運動車款就是男性車款縮小版，審美也是男性觀點，就像早年的粉紅芭比。

事實上，在全球自行車銷量中，女性自行車佔量也不少，只不過絕大多數是淑女車。但男女的生理特徵不同，相較於男性，女性的肩膀和手掌較小、手臂與上半身比例較短、骨盆較寬。因為女性的身體構造導致肌力運作模式天生就跟男性有所差異，若忽略女性生理特徵，不去設計專屬的車架幾何、坐墊、零件等，騎乘不但無法達到舒適感、效率感與安全感，甚至會造成運動傷害。

因此，女生的公路車、登山車、三鐵車等專業自行車並不是把男性自行車拿來改款成小號尺寸就好。時尚卻不合身的男友褲可讓女生打扮有型，但自行車則不行，這不是一個只看外型與浪漫的好主意。

當年，找杜綉珍負責創立女性專業自行車品牌的是時任巨大集團執行長羅祥安。他在二〇〇八年受巨大集團創辦人劉金標影響，騎自行車環台後，萌芽了女性專業自行車品牌的想法，跟劉金標討論後，兩人一致認為，杜綉珍是最合適的人選，除了她是集團財務長、執行副總，具足創辦新品牌的能力與格局，更重要的是她是女性，既然集團要做女性品牌，就應該從品牌創辦人開始，就由女性主導。

終將成就的過程必須保持韌性。杜綉珍能做什麼像什麼，即使老天忘了給天分，她有個本事，能靠著好奇心與勤學，磨杵成針，「創造」自己的天賦。

比如，小時數學不及格，長大是上市公司財務長、全球品牌集團董事長，她用紀律與專注力，迅速成長；小時體育被當，長大後創辦全球第一個女性自行車品牌，從不會變速到領隊騎車，由台灣到海外上山下海。

其實，杜綉珍曾在一九七八年進入巨大工作，後因結婚移居新馬，一九九一年再回到集團任職，巨大集團在一九九四年上市，幕後推手就是她。在杜綉珍二〇一七年接下董事長之前，在集團三十多年的時間裡，她從基層開始歷練，一路從秘書、國外採購、特助、財務長、執行副總，只要沒人做的事都歸她，歸根結底，還是骨子裡自我要求又不自我設限的個人特質。

巨大從小工廠要長成企業集團的期間，杜綉珍重點關注的幾項關鍵舉措，日後發揮了重要作用，像是法務、智財與資訊科技，包括巨大第一台電腦就是當時擔任董事長特助的她決定採購，開啟集團資訊管理的序章。

讓「創造」的種子永遠跟著你

很多人以為，一個人的生命裡，最具創新能量的是二十多歲，但是，如果你夠幸運，能在五十七歲到六十三歲的第九個人生七年去關注新的創造力，那麼，這顆「創造」的種子將永遠跟著你，因為它會讓你的人生如海明威眼中的巴黎——是一席流動的饗宴[3]。

在一個人的生命敘事裡，後中年這個階段的人生有其意義。個體會看見歲月帶來的領悟，若能發展出創造性的作為，可使身心強健起來，預防大腦失去活力，也能生出愛的力量。在這個七年階段，也會探問更多關於人類的福址，思考生活還能帶給我們什麼？人生的本質到底是什麼？什麼才是真正的自己？

這是一股想釋放自我、擁抱自由的生命能量，如獨韻沉香、紅酒終於沉澱完時光，綻放獨特的開展時刻，若有意識的看見，它會讓一個人在六十三歲之後，有機會讓你的一生變成自己的人生哲學。這也是杜綉珍的人生寫照。

五十九歲的杜綉珍接下創立新品牌的重任，成立世界第一個專為女性打造的自行車品牌「Liv/giant」，找了女性工程師、產品設計師、行銷團

---

3 美國文豪、《老人與海》作者海明威，一九六四年出版《流動的饗宴》記述他在一九二〇年代旅居花都巴黎的回憶錄。

隊、通路團隊等，將她們的專長集合在一起，以女性使用者的角度來思考與創新該怎麼認真對待女性騎士。

而在二〇一二年，剛好是杜繡珍準備完成人生第九個七年旅程的六十三歲，奧運選手瑪麗安娜．沃斯腳下「踩動」的不只是一台助她拿下金牌的自行車，更是巨大給全人類女性的一份禮物。

這顆「創造」的種子引領杜繡珍六十三歲之後的人生，讓她在第十個七年擁抱全新的自己，走向釋放與自由。

二〇一四年，六十五歲的杜繡珍有了更宏大的願景，在歐洲國際自行車展（Eurobike）發表「Liv」品牌的獨立宣言，她的下一步是用全系列與全方位的女性騎乘體驗（Liv Cycling），打造對女性友善的自行車世界。

她心之所向，夢想和籌劃一個不一樣的騎乘世界。過去亞洲女性要一百六十三公分以上，才能騎上彎把公路車，如今在 Liv 工程師與業界夥伴的努力下，一百五十三公分以上就可以安全騎上彎把公路車。多年來，她以「Liv」作為行動號召，贊助選手與推廣不同族裔與孩童的自行車活動發展，讓更多女性享受騎乘的美好。

為了完成願景，她也推動自行車零件廠為女性設計生產更合適的零件。比如，二〇一五年，當她騎完日本富士山自行車登山賽，雙手因長時間下坡剎車而疼痛，她發現，女性的手掌較小、握力也較小，需要更小的彎把變速和剎車把。從那一年開始，她積極遊說變速器大廠Shimano設計製造女性的剎車把手，每一次，對方雖然都回應會考慮，但並沒有行動。在她的鍥而不捨下，終於在二〇一八年迎來Shimano的第一款「小手」剎車把手。之後另一個自行車零件大廠速聯（SRAM）也跟進，全產品線考量小手做調整。

她喜歡創新，也深知創新對企業韌性的重要。作為企業經營者，她踩動著自行車世界，帶頭跨界學習，接續巨大集團五十年傳承與創新，法務智財、數位轉型、ESG策略更成為重中之重。

WOMEN，也是「我們」一起

杜綉珍六十三歲之前的人生，衝撞過權威限制，走出舒適圈，學習開展新路；也經歷過被背叛的傷口，瀟灑轉身，然後掙脫框架，像莎士比亞三幕劇雖精彩有餘，但至多驚喜。

自行車象徵探索的精神。當騎上自行車，踩動的是自由與奔放，競速的是自主與夢想，這也是自行車解放女性，帶領她們走上探索之旅的意義——我是我自己。

「Liv」成了杜綉珍一生的職志，作為Liv精神的實踐者，「自我覺醒」的種子，也在人生發芽，帶著在人生第九個七年播下的「Liv」，活出了更精彩的自己，把生命經歷變成人生哲學，就像稻米熟成、果實飽滿，起身開始收成，裝滿最深的穀倉。

彷彿，與Liv的獨立宣言同頻共振，六十三歲之後，她的人生是不按照傳統路線的劇本，而是考驗自己所有潛能，活出無人走過的驚嘆！

只要杜綉珍設下目標，就會全力以赴。她六十八歲完成個人三鐵賽的挑戰；七十三歲完成女子環法邀請賽；二〇二四年，她慶祝七十五歲生日的首發儀式是，從新北騎到台中，一日完騎一百七十五公里。

正如海法·曼蘇爾以《腳踏車大作戰》裡的「一位小女孩、一部自行車」向世界傳達了即使在宗教認為女性騎自行車違反道德的社會文化下，靈魂想要衝破綑綁，追尋自由的渴望。

面對束縛，你選擇屈服、壓抑，還是想方設法的挑戰？或許，差別就在於自己不知道自己的潛力，想衝破限制時，猶疑與疑慮就會主導心念，讓你想避開挫敗而退卻，久了，就愈來愈無法提起勇氣。

最好的方式是，想做的事若也有能力做，就立即行動吧！這也是杜綉珍的人生哲學——若我有能力成就此事，又承擔得起，那麼我會全力以赴（If I can do it, I can afford it , I will do it.）。

人類的能力應該放在為了更好的未來，去創造和改造。WOMEN，也是我們，只要一個女性開始騎車，就會影響她的家庭與朋友圈。

讓我們用不同的方式看見女生，也要用不同的方式看見男生，讓每個人都能做自己，不用隱藏真實的一面——一個女性和男性都比現在更公平、更真實、更開心的世界。

自由、愛與行動能超越界限

這本書不是要教導你成為企業家的人生使用手冊，雖然杜綉珍從小秘書到董事長的職涯歷程算是一個成功故事。相反的，這本書呈現的是她的誠實反省，包含優缺點，思索人生教會她的事，更多的是看見自己的「不乖」，用自由、愛與行動破除限制。有些屬於她的習慣與作風，有些屬於態度與信念，都源於她的人生經驗與閱歷，也是如何成為自己的過程。

第一部「探索自由——我是我自己」讓你看到杜綉珍如何撥開迷惘，創造自己想要的人生，一探究竟她的「自由人生寶箱」，她不只要活在當下，還把當下視作最後一刻來活。當明白了我是我自己，理解人生的劇本不是別人的續集，更不是他人的外篇，你才有能力看見：

原來所有的傷口，都是為了要讓你長出翅膀，
曾經走過的情境，都是為了要讓你貼地飛翔。

即使是現在，亞洲社會的女生還是有一大半的人被教導要聽話，杜綉珍經歷過這樣的自我覺醒，才做回生命的主人。第二部「愛的覺醒——你就是世界」是思索我們與他人、世界的關係，她學會掌控自己的命運，更因此打造出全球第一個女性自行車品牌「Liv」，在不可思議之中，激勵自己與團隊前進。

你可以不用學她會經營企業，但可以參考她如何經營自己的人生，如她常說的，人要過日子，不能被日子過，要把人生活成一道風景，包括打扮風格。她有著一頭微捲短髮、鑽石耳骨夾和一顆玫瑰色的心，會讓自己穿搭得宜，冰火剛柔，整個人顯得時尚精緻。對了！她騎車一定做足防曬，再怎麼忙，也不會落了基礎保養。

上個世紀著名翻譯家、《我們仨》的作者楊絳說，一個女人最重要的能力，不是妳把自己打扮得多麼漂亮，也不是妳掙錢有多厲害，而是無論發生任何事情，妳都有快樂的能力。杜綉珍三者兼具，她可以獨處時自在，共樂時放開，她想要活得深刻，用自己栽種的浪漫、夢想去壯大性別平權的世界。她跟一般企業家不一樣，難得來到這個世界，她不想做一名走馬看花的旅客，雖然必須讓企業獲利，但從年輕時就在意詩與遠方。

第三部「貼地飛翔——超越界限的能力」剖析她如何腳踏實地、超越界限的心法。做好準備與隨機應變是一體兩面，即使陷入無可避免的挫折、風波，也要能迅速找回節奏，繼續前進。若把人生比喻成騎自行車，過去的世界，想保持平衡，就得一直向前；現在的世界，想不斷向前，就得會登山越野、爬坡俯衝，賽道不只在公路上，還有岩石、原木、泥濘、礫石與丘陵，考驗著騎乘能力與控車技巧，以及因應運氣好壞的韌性。

而人生就像多賽段，都會經歷需要持續爬升的登山賽段、競速衝刺的公路賽段、高低起伏的丘陵賽段。這本書獻給每個需要一點勇氣、努力想要改變的靈魂，陪伴你在面對人生各階段時，讓你愛上啟程，享受貼地飛翔，那也是腳踏得更穩、踩動得更遠的方法。

一個擁有自由的心，用愛去行動的人，即便身處煙塵荒涼，世界依然開闊，隨處皆是啟程的心之所向。

第一部

Freedom

探索自由
我是我自己

希望鑲著羽毛，
棲息於靈魂裡，
唱著無詞樂曲，
從不停息。

風愈勁大，它的歌聲愈甜美；
只有猛烈狂風暴雨，
才能驚嚇這隻，
溫暖眾生的小鳥。

我曾聽過它，在最寒冷大地，
最陌生的海洋；
卻從不因為極度困境，
向我索取一絲一毫。
——艾米莉．狄金森（1861）

Stage 1

Walk the talk 想有餘裕人生，先活得不遺餘力

比起過去的任何時代，
你要養成強大的心智，
才會在這個世界活得自在。

關於獨處，我們可以自杜綉珍身上看見一個新的詮釋。獨處能夠讓一個人不自覺靠近自己的獨特之處，甚至是韌性裡藏著率真的底氣。這樣的底氣有益於一個人順任性情之自然，不矯揉造作，養成強大的心智，並在這個世界感到自在。

很多人有韌性，但一個人若沒有一點率真，容易如反彈太久的球體，

疲軟變形，變得不是真實的自己。杜綉珍個性裡頭，奇異似融合韌性與率真，雖然無法做到時時收放自如，但至少能盡她最大的可能活出真實。

她可以很柔軟，如被容器塑形的水，虛心接納建議；但遇上事理，包括她覺得不合理與不公平之處，就會據理力爭。她像紅色的玫瑰，明明白白顯露喜歡與討厭，像轟隆隆的火球，烈火與玫瑰化為一體，資深的巨大集團同事形容她，人未到聲先到，又像一陣行走的風，不拖泥帶水。

不過，隨著年歲漸長，多刺的玫瑰有變得柔軟些，那一叢烈紅被世界暈染為香檳粉紅，灌木的荊棘本質依舊，只是揉捻成了原則。她說：「我到現在可能還有一些刺，但那個刺是原則——身而為人的根本品格。」現在的杜綉珍，比起同輩、同齡的人，來得開放、前衛、豁達，不封閉也不委屈自己，她不蹉跎光陰，活得不遺餘力，更鼓舞自己有餘裕去享受生命。

而有餘裕，才能看見自己的其他可能性，永遠不會覺得人生無趣。

「女性自行車教母」是杜綉珍近十年最為人熟知的標籤。

如果看過杜綉珍與專業自行車選手一起挑戰女子環法職業業餘邀請賽的精彩路段[1]，以及她七十五歲從新北八里騎到台中巨大總部，一天完騎一百七十五公里的挑戰紀錄[2]，會覺得那些把生命活得不撓不怯的女人總有千姿百態，只要願意，終究燃起生命之火，不禁想為她們喝采，再報以熱烈掌聲，才會覺得過癮。

這也是杜綉珍能做全球女性自行車品牌很重要的底蘊——「Walk the talk」的身體力行。如果依靠不真實的人設，就如被衣架撐起的體面，哪天狂風捲來，便會鬆垮脫落。

只有真真切切，才能恰到好處展現獨特。

杜綉珍的獨特，很大一部分來自於從小理解自己必須獨立。她出生在一九四九年的嬰兒潮世代，卻是獨生女。

那個年代沒有電視，父母也忙，她說：「我就是自己最好的朋友。」這種認定，是一種獨處的邀請，就好像我們漸漸發覺，其實每個人最應該熟悉的是自己，與自己相處也是生命裡必修的功課，而且是不可以被當的那一科。

就算只有自己，日子也要有滋有味

多數的獨生子女，因為就那麼一個，父母會抱著一起睡。但從有記憶以來，杜綉珍就是一個人睡，有自己的蚊帳，一個人去上學、寫作業，長大後，她可以一個人去看電影、聽音樂會、去旅行……，就算只有自己，也可以把日子過得有滋有味。可以說，她自小就有很多練習獨處的機會。

杜綉珍曾問過媽媽，為什麼不再生？

---

1 二〇二三年女子環法職業業餘邀請賽影像紀錄。

2 二〇二四年一日完騎一百七十五公里影像紀錄。

得到的答案是父親認為只要一個小孩就夠了，她不知道這是實話還是安慰之語。「我爸爸的想法很特別，他覺得女人生產是擔著生命危險，不想我媽有任何閃失，有我一個就好。」杜綉珍生了兩個兒子後，想要一個女兒，曾考慮第三胎，父親杜江祥卻認為不必為了想要有女兒再去承擔生產風險，要她打消念頭。

總之，杜綉珍擁有父母完整的愛，卻沒長成嬌嬌女，個性裡有股拚勁，既真性情也守分際，這和她的家庭教育有關。

她的價值觀與人生觀深受父親杜江祥的影響，自小的獨立也是杜江祥刻意培養為之，對她耳提面命：「妳要獨立，因為妳只有一個人。」這句話隱含一位父親對女兒的擔憂與愛——女兒沒有手足，若哪天父母走了，期盼女兒有足夠的能力，過好自己的人生。

雖然給女兒滿滿的愛，杜江祥對她的管教卻十分嚴厲，特別是生活禮儀與做人本分，說一不二，沒有因為疼愛就溺愛。她受日式教育，稱自己受的是日式斯巴達教育——不以規矩，不能成方圓。

生活要有紀律，說話要有禮貌，行事要有規矩，做人要有法則，「在家做錯事，爸爸會直接打下去的。」杜綉珍從孩童時就知道，父母盡所能給她最好的物質生活，但他們說的話都要聽，自己該做的事都要做，有想法可以討論，但要有道理，絕不容許無理取鬧，並不會因為她是獨生女而對她手下留情，「我在大學畢業之前，完全就是人家形容的『盒子裡的女兒』，規矩的遵循父母之意。」

小杜綉珍一歲，相識達七十四年以上的詹晶玲最清楚杜江祥有多嚴格。當初，兩人還在媽媽肚子裡，上一代約定若生下來是一男一女，就結為親家，雖然沒有如願指腹為婚，世交情誼沿續到第三代，杜綉珍與詹晶玲的兒女亦交情甚篤。

詹晶玲的父親詹明芳是杜江祥的換帖兄弟，情誼從讀台中一中、台大醫學院的少年到終老，比手足還親。後來，兩家人分居北部與中部，但時常往來，杜綉珍與詹晶玲寒暑假會輪流到對方家裡小住，就像親姐妹一樣，陪伴彼此走過生命的每個階段。詹晶玲有三個弟弟，她也是家裡唯一的女兒，原本覺得父親對自己的管教太嚴，直到有一次到杜家住了比較長的一段時間，才發現比起杜綉珍，父親對自己的管教根本是小巫見大巫，開玩笑的對杜綉珍說：「看到妳，我心理頓時平衡了。」

不只是杜江祥，杜劉月嬌也一樣嚴格。她比誰都還疼杜綉珍，早年生活清貧，沒錢做衣裳，巧手慧心的她也沒委屈女兒，把自己的嫁衣改成女兒的新衣，但只要關乎品格，絕不假辭色。「我如果違反他們說的話，我爸會很嚴厲，我媽也一樣，他們的嚴格是強調在我的規矩上，沒得商量，不能討價還價。」因為有了規矩，才有遵循，做事才知輕重，對人才能平等。

成長中的小孩哪沒有調皮的時期？有一年冬天，杜綉珍看到父母都有新的木屐，她也想換新鞋，偷偷拿剪刀把自己的木屐帶弄斷，再拿去跟父母說木屐壞了，要買雙新的。杜劉月嬌一看斷裂處那麼工整，心知肚明是怎麼回事。

「這真的是壞掉才斷的嗎？」她反問女兒。杜綉珍毫不猶豫，點頭如搗蒜。

「妳確定嗎？有沒有說謊話？」她反覆問了幾次，見女兒遲遲不承認，直接挑明：「妳說謊話，這不是壞掉，是妳剪斷的。」杜綉珍這下知道情況不妙，大氣都不敢吭一聲。

夫妻倆決心要女兒記取教訓，杜江祥用幫浦抽出地下水，把冷冰冰的水潑到女兒身上，冬日的地下水體感溫度像冰塊，凍得杜綉珍直打哆嗦，正色訓斥女兒：「妳要記住，以後做人要誠實，不可以說謊。」

誠實，包括面對自己

這個「誠實」也讓杜綉珍記住，這一生不管做什麼，都一定要誠實的面對自己。長大後，杜綉珍想起這件事，就會告誡自己要嚴謹，盡可能言出必行：「我做事情沒有在玩假的。」不僅她自己這麼說，親朋好友也這樣形容她。

「她只要決定要做一件事，就會做到底。」杜綉珍的表妹李素真回憶，小時候家族聚餐，小孩與大人是分開坐的，只有這位表姐是坐在大人那一桌，「她從小被當成大人一樣，有一種伴隨而來的懂事與自我要求的毅力。」

「我媽每次提出的瘋狂想法，再怎麼不可思議，她都會做到！」涂子訢是杜綉珍的小兒子，音樂人，在國際 DJ 界是一號人物，見過各種光怪陸離，有時他聽到杜綉珍想做的事，也不禁瞪大眼睛。本以為，媽媽七十三歲時跟專業選手騎女子環法邀請賽已經夠具挑戰，「她跟我說，慶祝七十五歲，想計劃一天騎一百七十五公里！我當然反對，我爸也勸阻她。」當阻止不了，就只能陪伴。二〇二四年四月十三日，杜綉珍創個人紀錄的那一天，涂子訢跟騎到終點，親身經歷全程後，仍忍不住搖頭：「年輕人都不一定做得到，這太瘋了，太拚了！」

不過，誠實也有個小小的「後遺症」，杜綉珍說不出虛假的違心之論，說話直白是她的特質，銳利雖然會被社會化打磨，終究還是鈍角。所以，她有個習慣，年終時會自掏腰包，舉辦「一杯泯恩仇」的感恩派對，邀請集團的機能長（各單位最高主管）和勞苦功高的員工，一個個敬酒，一杯杯盡釋前嫌——讓江湖所有快意恩仇每年都歸零。

相比其他產業，台灣的自行車業界多了江湖味，大家是競爭者，也能是一起把酒言歡的好朋友。企業經營有零基預算（每年度預算歸零），她有杜氏風格的零基領導。

提到台灣的自行車業界，杜綉珍的舅舅劉金標算是一個傳奇。劉金標是家中么兒，出社會後先到父親（劉永）投資的大裕企業上班，學做罐頭、麵粉事業，前後約七年，曾擔任廠長。後來，自己出來投資與創業，做過螺絲釘、碳酸鈣、馬口鐵、木箱、汽車貨運、進口日本魚飼料、養殖鰻魚等行業。

雖然事業有賺有賠，不過，只要是劉金標想做的事，與他感情極好、無話不談的姐姐杜劉月嬌總是一路扶持，不僅情義相挺，更以行動投入資金。像是創辦巨大之前，劉金標原本經營鰻魚事業，杜劉月嬌也是股東，後因狂颱引起海水倒灌，摧毀整池鰻魚，幸好劉金標開車跑得快，但所有心血付諸東流，幾乎賠光了資本。

他在失意中年進擊，創立巨大，造就出全球自行車品牌 Giant 捷安特，也帶動產業升級。最為人稱道的是，二〇〇一年台灣自行車出口數量，從一九九一年的逼近千萬輛，掉到四百萬初頭，面臨產業空洞化的生存關頭，當時巨大已經是最大的成車廠，劉金標主動號召第二大廠美利達，和十多家自行車零件廠，在二〇〇三年共組「A-Team」聯盟，協同研發設計，讓台灣脫胎換骨為高階自行車產業基地。

不過，很少人知道，劉金標在一九七二年能順利籌措到巨大的創業資金，跟杜綉珍的一句話有關——那時她只是個淡江英文學系大四生，便建議父母投資舅舅的新事業。

在杜綉珍的記憶裡，只要是舅舅看過的機械結構，他就能依樣畫葫蘆做出成品，在那個音響還是稀有品的年代，家裡就有劉金標組出來的立體音響。劉金標在三十九歲創立巨大之前，創業多次，平均兩、三年換一個工作或事業，但多舛的命運也擊敗不了這位天生的工程師。

一九七二年農曆春節的大年初二，杜綉珍跟著父母回到沙鹿的外婆家。午餐時，劉金標跟姐姐杜劉月嬌、姐夫杜江祥提起自行車外銷需求激增，想跟朋友一起創業，需要資金。

杜綉珍剛好看過一篇自行車有益心臟保健的文章，於是跟父母分享：「應該要做，自行車是對健康很好的事業。」父母聽了她的意見，答應投資。由於杜劉月嬌出資比較多，巨大創立初期由她擔任董事長，劉金標擔任總經理。

在創辦初期，包括杜劉月嬌在內的八位股東各自出資五十萬元，共同籌得四百萬元。然而這筆資金幾乎全數用於購地和購置機械設備，公司需增資才能順利營運。當時，其他股東已無力再投入資金，於是劉金標說服杜劉月嬌再度出資四百萬元，完成了第一次增資，所以，杜劉月嬌成為最大股東。

「我媽對巨大的付出遠不止於此。」杜綉珍回憶，公司營運的頭幾年，由於知名度不高，訂單稀少，開出的支票經常無人敢收，「會計劉淑香只好從大甲搭公路局（巴士）到彰化市長興街四十八號，找我媽把支票換成我爸開的支票。」後來，細數父親為巨大開出的支票，累積的金額十分驚人：「若巨大沒有做成，我爸必須看診到生命的最後一刻。」

劉金標曾多次有感而發，巨大能有今天，要感謝姐姐與姐夫一路相挺，更認定姐姐是巨大的共同創辦人，「從小到大，我跟姐姐感情就好，創業的路上多虧有她支持。」劉金標也曾回憶，他創辦巨大前沒定性，聽到或看到哪裡有新商機，就會躍躍欲試，創辦巨大時都還不了解自己，真正認識自己是在人生五十後，明白了自行車是一生的使命與熱情所在。

其實，杜綉珍在台灣自行車產業裡，是個異數，像是由浪漫樂派的柴可夫斯基轉頻到台語金曲《愛拚才會贏》的場景。全球最大的高級自行車座墊製造商維樂工業董事長余彩雲說起第一次看到杜綉珍的那天。

四十多年前，余彩雲剛創業沒幾年，一天她去拜訪巨大，剛到門口，看見一位漂亮自信的女生親暱挽著杜劉月嬌，後頭跟著幾個人，被大家前呼後擁走進巨大。旁人悄悄跟余彩雲講，那位是杜董事的獨生女杜綉珍，她心想：「這位千金小姐好有氣質，跟媽媽的感情真好啊。」余彩雲的印象，也是多數人對杜綉珍的感覺，隨著與杜綉珍逐漸熟識，更是佩服她事親至孝，「我親眼見她多年來如何親自照料晚年的父母。」

自行車以前是傳統的「黑手」產業，是以男性領導人為主的行業。投身自行車產業的女性領導人本就稀少，杜綉珍是其中獨特的極少數。余彩雲跟杜綉珍相知相惜多年，「認識她之後，我就督促自己要向她學習。她永遠都是精神奕奕，打扮時尚，用她的專業與活力使人信服，我知道背後花了很多努力。」

杜綉珍與自行車的因緣，不單是因為她的話，父母投資巨大，亦不僅是劉金標用「自己的錢要自己顧（杜家是最大股東）」為由，說服定居新加坡的她一九九一年回來集團工作——她與自行車最大的因緣俱足是二〇〇八年，創辦女性自行車品牌「Liv」之後，為自己與其他女性帶來的改變，那是一種命定的收成與再耕耘。

五十八歲經歷第一次騎自行車環島，她放掉打了三十年的高爾夫球，身體力行，穿上自行車的卡鞋，然後，她發現騎車會讓她真正感到快樂，「我永遠記得我初中騎腳踏車去上課，騎上車的那種開心迎著風的感覺，很奇怪，我每一次騎上車，彷彿回到初中。」她說，想讓更多的女性來騎車，是因為騎車會使得她們更快樂，更有自信，這是她做 Liv 的動力。

說來也巧，杜綉珍與自行車的不解之緣好似註定。

她出生的一九四九年，義大利導演維多里奧・狄西嘉的《單車失竊記》在美上映，這部被視為義大利新寫實主義代表作，被譽為影史上最偉大電影之一，透過男主角尋找那台失竊單車的過程，講述二次世界大戰後的百廢待舉，探討公平與人性議題。

或許是時代的DNA，杜綉珍特別重視公平性，「誰都不能強迫我。」求學時期還沒解嚴，她就會反對不合理要求，抗議不公平，而且付諸行動，被記過也無畏，天生的俠女性格展露無遺。

閱讀帶來的人文素養

她的俠女性格其來有自，源於父親賦予她大量閱讀的養分。

杜江祥一方面嚴格規定她的紀律，另一方面是她知識的啟蒙者，從文學、音樂、藝術、電影、歷史等，為她打開浩瀚的思想世界，她求學時看過的電影、讀的文學經典，比她念的教科書多上好幾倍。

他跟女兒講的童話故事是希臘神話，讓她賞析的音樂是柴可夫斯基、布勞姆斯、貝多芬、德佛扎克等古典大師，杜綉珍初中三年級準備聯考，陪她苦讀的是柴可夫斯基鋼琴協奏曲。杜綉珍是在充滿文學氣息的環境中成長，在那個權威又封閉的戒嚴時期，著實珍貴。

杜江祥是中部胸腔內科名醫，「嗽仙」聲名遠播，行醫濟世，一生懸命的不只有醫學，還有摯愛的文學。就讀醫學系二年級時，他跟好友詹明芳約好將來要做文人、小說家，回家宣告不讀醫學，要轉到文學系，家人極力反對，狠狠修理他一頓，杜江祥只好收起作家夢想，乖乖留在醫學院。

「但文學變成了外公的內在，他一生跟閱讀、文學、文化緊緊相連。」杜綉珍的大兒子涂子謙回憶，外公的書房滿滿都是書籍，「晚餐後，他會走進三樓的書房，那段時間誰都不能進去吵外公，外婆就帶我們去洗澡。」涂子謙住在台灣那些年，最愛外公的藏書、黑膠唱片與電影，大學時想當詩人，現在的他是在英國任教的哲學系資深講師。

杜江祥出生在一九二八年的台中，奶奶是布農族公主，因而他擁有四分之一的布農族血統，他的父親三十多歲過世，母親獨立撫養五子一女。家中男生排行老三的杜江祥很會讀書，考上台大醫學院。

一九四九年，與小兩歲的杜劉月嬌熱戀結婚，同年十二月，杜綉珍誕生。兩人都是台中人，結婚初期，他隻身在台北讀醫學院，妻女留在台中，但沒多久，杜江祥的大哥和二哥經商失敗，家中破產，於是杜劉月嬌帶著女兒到台北，分隔兩地的一家三口因此團聚，一起住在四個榻榻米大小的房間。自此夫妻兩人再也沒分開過，一輩子形影不離，鶼鰈情深，到老時都還牽著手走路。

由於杜江祥那時還是台大醫學院的學生，杜劉月嬌曾去工廠當女工，貼補家用，但因女兒在工廠外頭大哭，只好辭去工作，改幫丈夫的台大同學洗衣服，並接一些手工活在家工作。

為了養家，杜江祥也得出去打工，無法好好研讀學業，畢業後再去當兵，因而，成為正式醫師後，律己甚嚴的他勤奮精進，不是看診，就是看書。當杜綉珍還是小學生時，就發現父親比她還用功讀書。杜綉珍說父親隨身帶著一本英文書及三省堂英日辭典，耳濡目染下，她高中看日本電影，可以不看字幕，「我爸爸唯一的娛樂就是一家人去戲院，因為他喜歡看電影。」

因為要負擔家計，想有比較高的收入，杜江祥沒有留在台北當醫師，而是選擇下鄉到衛生所，以為可以賺大錢，有一段時間求職到基隆八堵礦工醫院，跟著父親的工作異動，杜綉珍就讀過四所小學，很多小孩會因為轉到新學校有交友的空窗期而不適應，這對她而言不是什麼問題，獨生子女加上射手座的開朗天性，她有超強的適應能力。

杜家早年生活捉襟見肘，租的是沒有廁所與洗澡間的房子，洗澡只能在廚房一角，提水沐浴。當時白米珍貴，不是餐餐都能吃，杜綉珍小時的印象是父親不在家時，中飯就簡單打發，吃綠豆或紅豆就是一餐。有時，母親會給她五毛錢，交代她拿著一個搪瓷杯去幫父親買米酒和花生米，這是父親下班後用來放鬆的「零嘴」。小孩子走路難免不專心，有一次，她買好米酒和花生米後，在回家的路上不小心跌倒，杯裡的米酒全灑了，花生米也散落在田埂間，「我只能一顆一顆地撿起來，回到家後，當然被訓斥了一頓。」

即使清貧，受日本教育的杜江祥也嚴謹要求乾淨整潔，儀容也力求整齊合宜。這個好習慣影響了杜綉珍，於她而言，因應不同場合，展現得體的打扮不但是家風，更是對別人的尊重。

直到杜江祥受到曾任台大醫院院長、台灣胸腔內科權威楊思標的提拔，三十二歲接任彰化肺結核療養院的院長，一家人搬到院長宿舍，才有自己的浴室與小廚房。「楊思標教授是我們家的貴人，」杜綉珍感念。

練習獨處，做自己的主人

她回憶，爸爸給了她不同於所有人的想法，教她欣賞藝術、音樂、美學等，「不是漂亮就一定是美，而是獨特、內涵的本質，我喜歡有想法的人。」她小時學過芭蕾舞，特別喜歡現代舞之母伊莎朵拉．鄧肯——世界上第一位赤腳在舞台上表演的舞蹈家，鄧肯讀了大量文學作品，完全依靠自學。

杜綉珍高中時也是每天讀一本書，但都不是學校的教科書，想當然高中成績不太好，但她一點也不後悔，那時期累積大量的常識，尤其是對音樂、文學、藝術、電影的人文素養。

而成長時期讀的書，看的電影，跳的現代舞，都是她日後自我覺醒的一部分，從順從父母想要的社會主流價值，到選擇想活出的人生，做自己的主人。

說不出為什麼，總覺得杜綉珍與可可．香奈兒之間有種難以言喻的相像氣質，雖然杜綉珍不愛香奈兒過世後的CHANEL。不過，杜綉珍心目中女人最帥的一張照片，主角就是可可．香奈兒。那個畫面是杜綉珍有一年在巴黎CHANEL珠寶專賣店裡看到的一幅巨照——整個人斜倚在中式貴妃椅抽菸的可可．香奈兒，既鬆弛又孤傲。

可可．香奈兒說，自己的一生不過是一段童年時光的延展。她在童年裡看到了命運，而詩意在命運裡扮演了該有的角色，一無所有的走出孤兒院，靠自己在繁華花都，創造她的時尚事業，害怕孤獨，孤獨卻選擇了她，淬鍊出強大心智，她最有名的一席話：「我選擇了想成為的人，正如自己所願，即使我不被愛、不討人喜歡又如何。」

一個人的童年命運並非偶然，可可．香奈兒是，杜綉珍也是，不管是因為何種原因，她們在童年都是必須獨處的小孩，成了自己最熟悉的朋友。事實上，杜綉珍這些年的好友幾乎是小她二、三十歲的人，常有年輕世代找她聊天，她說：「總有一天，你們會走到像我現在這樣，爸爸媽媽都走了，小孩也不一定在身邊，現代人經常沒有伴侶，也經常沒有小孩，你要怎麼辦？比起以前的任何一個時代，每個人必須要有更強大的心智，尤其是女生。」

也許，當一個人從小有機會練習獨處，一如耐老的情歌，比較不容易在滾滾紅塵裡被時間草草打發，亦不會走著走著，不小心丟失了自己。她們，能夠餘裕做自己，都是先活得不遺餘力。

然後，在某個生命的交會時刻，用自己的獨特把命運變成途徑。可可．香奈兒用黑與白改革時尚，開拓女裝的性別平等之路；杜繡珍創辦了全球第一個女性自行車品牌Liv，正致力於自行車運動對全球女性友善的路上。

如果你想改變，就成為自己希望看到的改變，香奈兒是，杜繡珍也是，那些能夠為他人帶來正面影響力的人都是。

Stage

2

如果張愛玲也騎自行車
繁華落盡見真淳

你要學松鼠，為過冬儲備松果，
在很好的時候，就要想到未來。

杜綉珍的兩個兒子都知道，媽媽最愛張愛玲的作品。

張愛玲構築的文字世界像是明裡一盆火，暗裡一把刀，字字鑽進心裡，優美卻犀利的反諷人性弱點和揭露社會的現實。若問杜綉珍為何喜愛張愛玲作品？「沒有人可以超越她，」杜綉珍說，張愛玲出生於一個顯赫家庭，經歷民國、抗日戰爭和戰後的時代盛世與低谷，寫活了繁華落盡，人生無常和脆弱。

不知是否因為生在十二月，杜綉珍天性裡有種繁華落盡的憂患意識，就像松鼠要儲備松果過冬，「我是一個在很好的時候，就會想到未來的人。」

在成為巨大集團董事長之前，杜綉珍做了多年的財務長，她幫巨大制訂嚴謹規則，做好風險控管，「我們的財務報表像濃縮的滴雞精，非常精實。」比如，存貨價格變動會影響企業營業成本與毛利率，巨大會一次提足跌價損失。她認為，一個好的財務長不只是善盡財務管理之責，還要學習松鼠在冬日來臨之前，收集足夠松果，而這些松果裡，有個名字叫「來年」——不能只顧好眼前，還要能投資未來。

財務長的英文是「Chief Financial Officer」，縮寫是CFO，這個財務的「F」被她揉進了代表未來的「Future」。因為憂患意識，她想得比較遠，像是多年前，就幫劉金標與羅祥安規劃退休保險，讓他們在退休時除了法定提撥，還多了一筆加起來九位數的退休金。一般而言，公司財務長控管財務預算，對於先期投資都是持保守態度，「Bonnie不一樣，她會看向未來，若是必要的投資，她反而會成為最好的後援。」巨大前幕僚長溫絜如說。

例子不勝枚舉，小至人才培訓計劃，大至事業開發。美國市場虧損到第十三年時，董事會建議放棄，時任集團執行長羅祥安卻認為，要做全球品牌就要能在美國立足，他希望再給三年時間，作為財務長也是公司股東的杜綉珍選擇支持，扛住財務與董事會的壓力。美國市場最終在那多出來的三年轉虧為盈。

又如，巨大二十多年前投入研發 E-Bike（電動輔助自行車），前景看似光明，但受限技術不成熟，台灣與美國市場相繼失敗，只有荷蘭維持少量銷售，即使如此，巨大每年仍投入研發預算與團隊。羅祥安回憶，當時全球幾乎只有巨大在推廣 E-Bike，杜綉珍本來可以從預算角度要求削減研發經費，但她選擇信任團隊看準的方向。「前瞻性的投入風險極高，如果沒有她的支持，巨大應該會不得不放棄 E-Bike 項目。」

好。

創造未來，至少要往前看三步

如今，E-Bike 成了集團第二成長曲線，約佔總營收三成，全球持續看好。

根據麥肯錫未來移動中心（McKinsey Center for Future Mobility）長達六年的研究，二〇二二年，全球微型交通市值為一千四百九十億歐元，到了二〇三五年將成長至四千八百五十億歐元。其中，電動輔助自行車是歐洲主要的微型交通工具（micromobility），預測至二〇三五年，市值將有五倍成長，超過一千億歐元。

企業經營就像騎自行車，前往未來，如同在風險與冒險之間保持平衡，想前進就要持續轉動。而風險控管不等於就要放棄創新的冒險，即便是騎上有電力輔助的 E-Bike，也得憑己之力踩動雙輪。別忘了管理大師彼得·杜拉克的忠告——預測未來最好的方法，就是創造未來。投入研發創新是創造未來的投資，還是營運管理的成本？一切取決於是否有發現未來新價值的眼光。

因為沒有放棄，電動輔助自行車還成了巨大因中國共享單車而受創的保命符。

二〇一七年，佔巨大營收百分之十五的中國大陸市場陷入共享單車風暴，大量又廉價的共享單車充斥市場，捷安特受到嚴重衝擊，銷量斷崖式銳減，從二〇一四年的近三百萬台，一路下滑到八十萬台，年營業額從三十億人民幣掉到十億[1]，導致集團營收從二〇一五年的新台幣六百零四億元，降至二〇一六年的五百七十二億元、二〇一七年的五百五十二億元。二〇一八年，中美貿易戰開打，首先對中國產品提高關稅，大國博弈的地緣政治衝突一觸即發，同年，歐盟亦宣布要對中國進口電動輔助自行車課徵反傾銷稅。（杜綉珍因應中美貿易戰、歐盟反傾銷稅的策略詳見第三部）

集團能挺過困境的重要關鍵是，歐洲電動輔助自行車市場迅速增長，二〇一八年E-Bike的銷量就直逼巨大總營收兩成，總營收回到六百億元之上。「我們得力於東邊不亮時，西邊亮了，之前是東方亮，西方不亮，」杜綉珍說，世界瞬息萬變，經營全球市場的本質就是分散風險的策略布局。

巨大在共享單車風暴下，將重心轉向歐美市場，與日本山葉發動機合作開發新型電機系統，並在荷蘭設立物流中心、在匈牙利興建電動輔助自行車與一般自行車工廠，縮短供應鏈，快速反應市場需求。另一方面，也因為歐美高價自行車與E-Bike的成長，得以有餘力在中國整兵轉型，二〇一八年底，共享單車泡沫化後，中國內銷市場開始復甦。

---

1 中國的共享單車在二〇一五年迅速崛起，代表企業如ofo和Mobike。在資金和政府支持下快速擴展，兩年後達到市場巔峰，數百萬輛單車遍布中國的大街小巷。但是，由於市場過度擴張、競爭激烈和資金鏈斷裂，二〇一八年開始，隨著資本市場退潮，多家共享單車企業倒閉，大量單車被棄置，形成「單車墳場」。

加上，二〇二〇年全球疫情驅動自行車的強勁需求，特別是中高階自行車與電動輔助自行車銷售表現出色。疫情結束後，因風行自行車運動，二〇二三年中國大陸重新站回營收支柱，佔集團營收三分之一，也為集團降低了歐美市場因疫情期間瘋狂搶單後，必須先消化庫存量及代工客戶調整訂單的影響。「每次繁榮都有結束的一天，只是結束得快或慢的問題。疫後市場本來就該回歸正常的需求，如果把二〇二〇到二〇二四年相加除以五，平均營收相較二〇一九年還是成長的。」

「你的眼光至少要往前看三步，不能只是走下一步。」這也是杜綉珍做了幾十年財務長悟出的松果理論精神，「小松鼠不會只儲備一顆松果啊，還會選擇放在不同地點。」

愈是高峰，愈要有憂患意識

怎麼看向第三步？首要之務得有憂患意識，愈是處於高峰，愈要有所警覺，就像修補屋頂的最佳時機是陽光普照的時候，而非風雨來襲時。

COVID-19疫情的三年，巨大受惠疫情迎來爆發性成長，二〇二二年，巨大五十週年，營收超過九百億，杜綉珍卻從二〇二〇年就開始提醒巨大團隊企業韌性的重要。

「從我一九九一年進巨大至今，經歷過四次大型客戶倒閉，」所以，杜綉珍總會扮黑臉，提醒巨大團隊不能驕傲自滿。她看見巨大集團自一九九四年IPO（首次公開發行）後，一路穩健成長，缺乏有失敗經驗的人才，因此，她在尋找人才時，更看重那些曾經歷失敗鍛鍊的人。她認為，一個沒有過失敗經歷的人是可惜的，少年得志未必幸運，「你不一定要經歷困境，但必須主動修煉自己。我始終認為，把自己看得太高並非好事。」

杜綉珍很相信那句老話——一山還有一山高。當外界都讚美巨大集團是A級公司時，她寧願只把它看作B Plus，這樣才能不斷追求更上一層樓，「這代表你可以更好，前方有個目標叫A，不會自鳴得意，永遠有改善空間。我一直思考哪裡可以做得更好，無論是個人或公司。」

她也知道，人們喜歡聽好聽的話，過於直白的表達會傷害到別人，十多年來，逐漸修正自己過於直接的個性。「以前會覺得，為什麼明明說的是對的事情，還需要婉轉表達？當你直言相告，卻多次遭遇反彈，總會學到一些東西，我仍在學習如何委婉說實話。」身為領導者，最可怕的是看不見自己的盲點，因此更需要自我覺察，她會主動尋求他人的建言，「我覺得我需要被批評指教。」

繁華之時就想到落盡之後，來自於張愛玲的文學，也源於基因。杜綉珍自我剖析，她的憂患意識跟父母有關，「尤其是我媽媽，以前經商很容易失敗，一個不小心就下去了。」

杜江祥雖然是醫院的醫師，收入穩定，但手足生意失敗後，未能東山再起，有好幾年依賴他供養全家人生活，杜綉珍的堂兄弟繳不出註冊費時，也是來家裡拿錢。「小時候家裡真的是一窮二白，父母會因為錢而爭吵。我以前也很省，到了人生下半場，花錢才變得大方。」

後來，杜江祥擔任彰化肺結核療養院院長，生活逐漸安定，盡心盡力救治病人，不僅精通胸腔內科，在耳鼻喉科方面亦有所造詣，許多病患慕名而來。然而，世事難料，人心難測，卻遭遇了不白之冤，引來牢獄之災。

當時，縣政府推行貧民施醫政策，規定病患必須住院才能接受治療。有病患帶著縣議員寫的陳情信：「此人家境貧困，請杜院長協助解決。」事實上，許多貧窮病人寧願拖著病體也不願治療，原因就是住院期間無法工作，生計成為問題。即便保住了性命，家中老小卻可能斷炊。杜江祥因此採取折衷做法，將原本的住院補助全數轉為等值藥物，讓病人將藥帶回家服用。沒想到，這個出於救人的善意辦法，卻在日後成為被挾怨報復的工具。

事情的起因是，醫院的總務課長一職出缺，杜江祥從角逐的候選人中選出學歷與人品相對出色的年輕人，另一位自認勝券在握的資深員工落選後心生怨恨，告發杜江祥用「貧民施醫」計劃中飽私囊，偽造文書。杜江祥因而被調查局帶走偵訊，那時的偵訊新聞還寫他已俯首認罪，登上報紙頭條。

「我爸膽子一向不大，突然被關起來，根本被嚇破膽，被釋放後就得了糖尿病，個性變得更膽小，」杜綉珍從小幾乎不吃油炸食物，也是因為父親的糖尿病。

療養院是財團法人，院方知道杜江祥並未貪污，但行政疏失和偽造文書之責難以避免，杜劉月嬌奔走請託有力人士，杜江祥才得以免於刑責。

繁華落盡見真淳

事情解決後，杜江祥決定在彰化開設診所，這樣的環境更適合儒雅淳樸的他。雖然曾遭受不白之冤，依然不改行醫救人的初衷，讓貧困病患和出家人免費看診。那個年代因發生二二八事件，社會上省籍情結嚴重，杜江祥始終視病猶親，不分省籍，一視同仁，無論是外省人還是本省人，只要經濟困難，都允許賒帳看病。

這彰顯人性的可貴，若人生如張愛玲筆下描述的所有繁華終將落盡，那麼，無論外在環境如何變化，之於一個人，真正重要的是在繁華落盡之中，看見本質與理解自性——經歷大難的恐懼、無助，再到重獲平安，對杜江祥而言，安穩的追尋真實自我，遠比任何繁盛都來得重要。他也不再是那位為了在醫學與文學之間二擇一而苦惱的醫學生了。或許，他早已心中雪亮，醫學與文學在本質上都是人文情懷，只要懷抱仁心，不改真淳。

隨著父親診所開業，杜綉珍也升上了初中，家境逐漸好轉。不過，真正讓杜家累積豐厚家底的是杜劉月嬌的投資有道。「我爸很會讀書，但真正靈活的是媽媽，雖然她只有初商畢業（學歷同現在的國中）。」杜劉月嬌生於一九三〇年，出身於商人家庭，待人謙和且處事圓融，嫁給杜江祥後，凡事以丈夫為主，承擔持家和打理家務的責任，並活躍於中部商界。

她運動神經好，高爾夫球技一流，一九七九年創立彰化業餘女子高爾夫球協會，並擔任創始會長，一九八五年更升任中華民國業餘女子高爾夫球協會副會長。業界稱讚杜劉月嬌最具遠見的投資，是投資巨大集團，五十年後回看，確實有理，她的投資報酬率比股神巴菲特還高。

其實，投報率裡除了眼光，還有對家人的情義。杜劉月嬌與先生對於劉金標鼎力支持，不但前期出資，巨大也靠兩人相挺，度過多次資金缺口危機。杜劉月嬌在《捷安特傳奇》回憶，公司創立第二年，營運資金就所剩無幾，前四年處於虧損，好幾次面臨斷炊，當時巨大知名度不高，支票沒人要，她只好標互助會，向親友借錢，或拿杜江祥的診所資金週轉，維持營運。

那些年，杜劉月嬌被朋友取笑，投資巨大不但沒賺錢，還要一直貼錢：「投資那公司有什麼用？」不過，她與劉金標兩人從小一起成長，她對弟弟信心十足。

劉金標真正投入做自行車，才發現遠非當初所想的簡單——自行車，不只是兩個輪子加一些零組件而已。即使是機械天才的他先去日本川村會社觀摩，回來也花了好長一段時間摸索，才掌握精髓，由於不斷在巨大的小工廠裡研究改良，成立一年多，連一台車都沒外銷出去，被外界戲稱「自行車研究所」。

創業就像還在跑道上滑行的飛機，許多創業者常因燃料不足而無法撐到起飛時刻，黯然退場。一九七二年創立的巨大，隔年即遭遇第一次能源危機，全球經濟陷入衰退，原先瞄準的美國市場因經濟蕭條而無單可接。好不容易等到景氣回升，卻又面臨美國自行車店因台灣產品品質低劣，集體拒賣與拒修台灣自行車的困境。巨大在重重挑戰之中，苦撐到一九七七年才迎來轉機[2]。

---

2 在努力下，巨大獲美國百年自行車品牌 Schwinn 青睞，接到代工訂單，不過 Schwinn 第一年先用副品牌 World 試買兩萬五千台，銷售成功後，第二年才讓巨大生產 Schwinn 的正牌產品。

巨大集團前執行長羅祥安說，巨大從創業到成為穩定營運的企業，一路上，杜劉月嬌在公司內部與董事會的調和鼎鼐，發揮了很大作用，「讓我們能夠安心在前方打拚。」她疼自己的弟弟劉金標，也疼羅祥安，對羅祥安而言是如親大姐般的存在。

冥冥之中彷彿自有安排，母女倆如同接力賽中的隊友，一前一後，母親是巨大站穩腳步的後盾，女兒則成為巨大轉戰全球品牌的力量。

「King（劉金標）和我都是敢衝敢拚的人，但即使我們再能打，也需要Bonnie在背後提供糧草，準備子彈，她是非常重要的穩定力量，」羅祥安如此形容這位多年戰友，稱她為業界最優秀的財務長，隨著巨大的發展一路努力學習，不斷挑戰自我，將財務長的角色提升到經營管理層次。

雖然，羅祥安擔任執行長，但他並不喜歡瑣碎的行政事務，「Bonnie正好彌補了這一缺口，我們三人是金三角。」羅祥安說，杜綉珍對數字敏感，一個錢要打二十四個結，花錢要過她那關可不容易，讓他可以毫無後顧之憂。雖然她嚴控小錢的浪費，卻在重大決策上百分百支持，不僅做好了風險控管，更積極助力公司成長，「我對她這一點非常佩服，巨大的成功，她功不可沒。」

小時數學不及格的財務長

只不過，如果讓杜綉珍的高中數學老師來猜這位學生未來的職業，財務長肯定不會是選項之一。認真說起來，杜綉珍成為財務長的故事確實勵志，因為求學時期，她最弱的科目正是數學，成績難以及格的那種程度。

小學五年級的早自習小考，每次考卷都有十題，錯一題要打一下，「如果沒有被打滿十下，我就算賺到了！」到了高二和高三時，母親特地為她請了數學家教。

聯考之前，老師望著她不見起色的模擬考分數，嘆口氣，請家長要有心理準備：「杜太太，你女兒聯考的數學只要不考零分，就很好了。」

說也奇怪，杜綉珍聯考的數學並沒有抱蛋，考運反而出奇的好，竟然靠猜答案拿下二十多分（在當時答錯還會倒扣分）。

意外收獲的數學分數，讓杜綉珍志願排名從推估的實踐家專，提升到淡江大學英文學系，本來就喜歡文學的她，大學四年唸的樂不思蜀，浸淫在西洋文學、神話哲學、莎士比亞戲劇理論……。進巨大工作原本就不在「文青咖」杜綉珍的人生藍圖裡，何況，父母對她的期待是嫁給一位醫師，成為醫師娘，早就為她籌劃相親行程，認識青年才俊。

時序回到一九七二年十月，大學剛畢業的杜綉珍穿著一件媽媽從日本帶回的檸檬黃風衣，出席巨大成立大會，那天風很大，吹得她的衣擺飛揚。五十年後，依然愛美的她回憶起那段歷史，腦海浮現的是塵土飛揚中，那抹明亮的檸檬黃。於她而言，那是小舅的再次創業，也是父母投入資金支持的事業，她帶著祝福共襄盛舉，見證家族的重要時刻。

杜綉珍與劉金標相差十五歲，關係非常親近，小時候她長得像個洋娃娃，有時劉金標跟女朋友約會還會帶上她，杜綉珍更是劉金標結婚時的花童。「我爸很疼Bonnie，」劉金標的大女兒劉麗珠形容父親對杜綉珍的疼愛，有時會讓她這個親生女兒覺得不公平。

劉麗珠與杜綉珍相差九歲，兩人外貌相似，劉麗珠第一次看到父母結婚照裡的花童時，還以為那是自己。她說，杜綉珍跟姑姑對她很好，大學聯考前的三個月，為了專心衝刺，她搬去杜綉珍家住，那時杜綉珍還在台北的貿易公司上班，就在考試的前一天，杜綉珍突然從台北返回彰化，劉麗珠驚訝的追問：「發生了什麼大事？」

杜綉珍理所當然回答：「要陪妳去考試啊！」

「我父母都沒想到要陪考，她想到了，直接用行動表示，她骨子裡就是一個浪漫的人，」劉麗珠說，杜綉珍在淡江就讀時，姑媽姑丈常在假日開車北上，在飯店住一晚，他們會帶杜綉珍去看電影，再把她送回宿舍，

「她是這樣被養大的。」

的確，杜綉珍是文藝青年，考完大學聯考的那天，劉金標來接她，問她想去哪。

她不加思索回答：「我要去看場電影，好好放鬆一下！」她請小舅載她到電影院，看完再自己搭車回彰化。

不只愛看電影，也愛看歌劇、交響樂團演出。台中有國家歌劇院後，杜綉珍就搬家到附近，用走的就能到歌劇院。但她也不是現在才會特別搭高鐵到台北國家音樂廳與高雄衛武營看演出，在她的雙十年華，中山堂、國父紀念館就已經是她常去之處，見證了台灣古典音樂和表演藝術的經典時刻，像是戰後台灣第一位女指揮家郭美貞的登台、郭小莊的京劇、雲門舞集一九七三年在台中中興堂的首演……，這段時光不僅是青春記憶，也是台灣文化藝術發展的篇章。

「沒有人比 Bonnie 更浪漫了！她可以為了觀看一場表演而精心準備，

穿著長洋裝，外面披著薄紗，搭配綁帶延伸至小腿的高跟鞋，優雅拿著手包去看表演，她認為打扮是一種禮貌，也是對自己的重視，這是一種投入，也是父母沒教我的事。」劉麗珠這樣形容她的表姐。

劉麗珠大學畢業後到台北工作，住在杜劉月嬌的台北房子，杜綉珍那時回到台中工作，時常會上台北看表演。她最記得，晚上十點多，想吃宵夜時，杜綉珍帶她到永康街的甜心豆漿店，至今滋味難忘。「我現在有些喜好受她影響，比如吃燒餅不加油條，看表演時要盛裝出席。」即使是現在，劉麗珠談起杜綉珍的浪漫，還是大呼女企業家的身分扼殺了表姐 DNA 裡的浪漫。

那麼，這位浪漫文青究竟是怎麼走上企業家之路？

從零開始的打雜小妹

杜綉珍的第一份工作是在彰化和美國中擔任英文老師。那個年代，大多數學生到國中才有機會學習英語，她立志為學生打下良好的基礎，教學極為認真。

當時她負責國一的七個班級，每個班近六十名學生，每週需要批改四百多本英語作業。不到一年，就因為過度勞累而身體抱恙，甚至患上了肝病。她心想，再這樣繼續教下去，恐怕小命不保，於是辭職。

後來，她到台北的貿易公司工作。這份工作是她的高中同學、當時是中國時報政治線記者陳婉真請許信良引薦。起初，杜綉珍應聘的職位是秘書，但她一竅不通，而且上頭還有四位資深秘書。

「每位都有外商背景，我連打字都不會，被修理得很慘，只好從 Girl Friday（小妹）做起。」這家貿易公司是美國進口商的台灣代理，老闆娘親自帶著杜綉珍學習船務，從商業書信往來、議價、報關到開信用狀等，杜綉珍憑著肯學的態度，從一無所知到熟悉進出口流程，並在業務部得到歷練。她的第三份工作是被朋友的姐夫挖角，他開了一家貿易公司，伸出橄欖枝，「那時我已經什麼都會做了，從業務接單到船務報關，都能獨當一面。」

一九七八年，Schwinn 穩定下單給巨大，巨大也因為打進 Schwinn 的供應鏈，業務成長，需要進出口貿易人才。時任巨大董事的杜劉月嬌因應公司外銷業務的快速成長，便對女兒說：「我看妳什麼都會做，在台北的歷練也夠了，回來幫忙吧！」杜綉珍一向聽從母親的話，便辭去台北的工作，回到台中，擔任董事長兼總經理劉金標的秘書，當時巨大會說英文的人屈指可數，所以她也負責國外採購。

這是她第一次進入巨大工作。

總經理秘書兼國外採購的這份工作約莫做了兩年，一九八〇年一月六日，杜綉珍與相親認識的馬來西亞華僑涂季冰結婚，並辭去工作，保留巨大董事一職，隨夫移居馬來西亞，再搬到新加坡——開啟走出舒適圈的人生新篇章。

自新馬返台，二進巨大

一九九一年底，杜綉珍在劉金標要求下，回到台灣總部，擔任董事長特助。

她回憶：「我一個人坐在四樓，標哥也沒空管我，我就拿著保溫瓶跑上跑下，看有什麼工作可以撿來做，」她總笑說自己在公司的「JD（Job description，職位說明書）」是名符其實自找的。這句玩笑話實則反映了杜綉珍的性格，她會主動挑起責任，靈活、積極的心態是她職涯成功的重要特質之一。

很快的，她發現巨大必須推動IPO，不能再是家族企業，一方面解決股東的個人資產與公司連帶保證的問題，另一方面為了企業永續，上市才能真正邁向公司治理。一九九三年，她接任財務長，隔年巨大上市。

「她做什麼像什麼，在她的帶領下，巨大順利上市，」羅祥安說，杜綉珍接任巨大集團董事長前已經文武雙全，集管理、財務、公司經營、產品、品牌、市場、行銷的歷練於一身，除了創辦女性自行車品牌「Liv」與擔任集團執行副總，加拿大子公司表現不佳時，也是由她兼任加拿大公司的總經理，果然不負眾望，讓加拿大公司脫胎換骨。

杜綉珍一生從事過的工作中，除了英文老師，其他職業都與她的專業無關，無論是進出口貿易、採購，還是後來成為公司的財務長、董事長，都是從零開始學起。

人生就像騎自行車，需要一種平衡的智慧。張愛玲的文學與父母的經歷教會了她繁華終將落盡的憂患意識，提醒無論是經營或是人生，在前進的路上既要預見風險，也要保持希望。如大學畢業前，杜綉珍每年暑假重溫的《亂世佳人》女主角郝思嘉的經典台詞：「畢竟，明天又是新的一天（After all，tomorrow is another day）[3]。」

對杜綉珍來說，從童年的清苦到成年後的優渥，更懂得先苦後甘的珍惜與豁達，所以，她並不害怕從零開始，可怕的是自我設限的心態。這也是她在馬來西亞與新加坡那幾年學到的事——如果想要掌握命運的關鍵，就要打破現有舒適圈，主動去創造想要的未來，即便從零開始也不退縮。

某種程度上，這種勇於挑戰未知的精神源於家族基因。她的外公、也就是劉金標的父親劉永，就是一位敢於探索未知的創業者。他經營過鵝毛加工和食品工廠等事業，產品出口到日本、法國等地，「外公不識字，但他可以從務農轉行經商，也從不畏懼失敗。這個生意不行，就換另一個再試。」正如邱吉爾所說，成功不是終點，失敗也不是致命的，重要的是繼續前進的勇氣。因而，她特別尊重那些具備專業且能自力更生的人，對社會基層的勞工更是心懷敬意，「我從不認為物質成就有什麼了不起。」在她眼中，人無階級之分——只有努力和不努力之別。

你可以懷抱最好的期望，但也要做好最壞的準備，憂患意識也是禍福相倚的平衡之道，學會了，才有活出自由的底氣。

畢竟，我們唯一的限制，只有我們自己設立的牆。

---

3 飾演《亂世佳人》女主角郝思嘉的費雯麗（Vivien Leigh）是杜綉珍喜愛的英國國寶級演員。她是兩屆奧斯卡影后及威尼斯影展最佳女主角獎得主，代表作有《亂世佳人 Gone with the Wind》、《魂斷藍橋 Waterloo Bridge》、《慾望街車 A Streetcar Named Desire》等，每部杜綉珍皆如數家珍。

Stage

3

沙巴之歌

我們的恐懼有一半源於自我設限

我們從小被教導要聽話，
聽了一輩子的話，
你什麼時候才要幫自己做決定？

緣分是這樣的，看似偶然，其實必然，讓命定的兩人在計劃之外相遇。

那是一九七八年冬的某日，涂季冰從飯店退房，準備要回馬來西亞前，突然接到客戶電話：「你先別走，介紹一位很好的女生給你。」那位女生便是杜綉珍。而她原本早該前往紐約，參加自行車展，但世事多變，出發前，公司採購科長出車禍，劉金標請她留下來處理採購事宜。

涂季冰是馬來西亞華僑，一九五八年經香港來到台灣就讀新竹中學高中部，再考上台大法律系，大學畢業後，返回馬來西亞，協助家族經營雜貨買賣，後來改做木材出口事業。由於全部心力都放在工作，根本沒時間談戀愛，「我每天做生意，跑來跑去，又在南洋，當時相同知識水平的人也不多。」時光匆匆，多年來又一直沒遇上聊得來的對象，轉眼就近不惑。他在台灣的朋友們很熱心幫他物色人選，好長一段時間，涂季冰常飛來台灣相親。接到電話的他心想，擇期不如撞日，多留一天吧！於是，再次回到酒店，辦理入住。

當天晚上，涂季冰與杜綉珍，一個應該在馬來西亞，另一個原本要前往紐約出差——因為命運的安排，素昧平生的兩人首次碰面。

那時，年近三十的杜綉珍，週末幾乎都有父母安排的相親行程，孝順的她也不違逆父母的心意。只不過，雙方互留聯絡方式時，她留的都是巨大公司的電話。這次的介紹人是涂季冰的客戶，因為一家人都是固定找杜江祥看病的熟人，才促成原本是兩條平行線的涂季冰與杜綉珍認識。

相親進行到尾聲，介紹人請雙方互留電話，涂季冰瞄了一眼杜綉珍寫的號碼，疑惑問道：「這好像是公司的電話吧？」杜綉珍一怔，有些不好意思，老實的再寫上住家電話。這個小插曲，無意間打破初見的生疏。涂季冰的坦率反讓杜綉珍在密集的相親行程中留下深刻印象，覺得此人博學多聞，談吐風趣，相較其他中規中矩的人選，個性、經歷獨樹一幟，「他是個有故事的人，我特別喜歡聽故事。」

拿到杜綉珍的電話後，涂季冰並沒有因為相隔兩地而中斷聯繫，每天早上六點，準時打越洋電話到杜家。他的堅持不懈，跨越地理限制，讓遠距的兩人變得親近，杜綉珍也習慣每天早晨接到涂季冰的電話，聊上半個小時，她再出門上班。

兩人相差七歲，性格和成長背景天差地別，「他很中式，受儒家思想熏陶，讀古文詩詞；而我很西化，沉浸於西洋文學，喜歡看歐美和日本的電影。很多人看到我們，都覺得這兩個人怎麼可能會走到一起？」不僅通電話，涂季冰更寄來情書：「他的文筆極好，個性又透著一股不輕言放棄的男子氣概。」文字的溫度穿透兩地，悄然連結起這兩顆心，讓兩人之間的差異，不再是阻礙，而是相互吸引的交流。

看見不同世界的故事

對杜綉珍來說，涂季冰的南洋世界陌生且神祕。他的家族經歷大時代動盪的歷史漩渦，當涂季冰講起這些故事，彷彿打開一幅歷史畫卷。

涂季冰的父親涂耐冰是著名的教育家，出生於福建莆田書香世家，自幼熟讀古文，精通詩詞歌賦[1]。懷抱理想抱負的涂耐冰更是革命家，曾參與一九三三年的閩變（又稱福建事變）。兵敗後，帶著家人逃往廈門鼓浪

1 涂耐冰，字元萼（1905—1967），祖籍福建莆田，是一位愛國才子和氣象學家。涂耐冰家族擁有大片良田，以收租為生，父親和叔伯輩多為博學之士，叔祖父涂慶瀾是清朝翰林學士。他自小博覽群書，十四歲考進廈門集美師範學校，畢業後進入南京中央研究院深造氣象學，曾在上海和浙江舟山學校任教。

嶼避難，隨後南渡到馬來西亞，定居沙巴（Sabah），投入百年樹人的教育大業。

涂耐冰與妻子陳璧人皆為校長，他在保佛學校任職，陳璧人在丹南學校，開先河推動華語教學，並且收留許多貧窮學子，提供免費膳宿，對馬來西亞的華語教育貢獻極大。一九三九年，中日戰爭如火如荼，涂耐冰受聘前往砂拉越（Sarawak），擔任《砂拉越日報》主編，他大量撰文，嚴批日本的窮兵黷武，成功激發援華抗日的浪潮。隨後又爆發英日戰爭，他也出任砂拉越人民援英會的秘書長，積極參與抗戰事務。二戰結束後，涂耐冰因卓越貢獻，獲英國政府頒發「抗日英雄」獎章，成為砂拉越唯一獲此殊榮的人物。

涂季冰是涂耐冰最小的兒子，出生於古晉山區，在他大學畢業後，涂家遷回沙巴，在拿篤（Lahad Datu）經營「柑仔店（雜貨店）」，生意愈做愈大，逐漸成為批發商，品項從飛利浦收音機到中國的柴米油鹽醬醋茶，應有盡有。當時，沙巴的交通設施並不完善，涂季冰開著一輛英式小貨車「陸虎」——一種在英國及其殖民地用來運輸各類貨物的中小型貨車——讓他可以穿越泥濘土路，銷售商品，可以說是現代版的行動物流。

拿篤鄰近菲律賓南部，面向蘇祿海，在地圖上看起來形似狗嘴。這一帶是令人聞風喪膽的海盜出沒區域，有趣的是，海盜反而成了涂季冰的顧客，因為他們也需要購買生活必需品。

後來，涂季冰的二哥看到木材出口商機，前往砂拉越做起買賣木材的生意。在涂家兄弟合力經營下，生意規模日益擴大，於是請大姐接管雜貨店舖的生意，兄弟們則專注發展原木出口事業，協助日本、台灣、香港、新加坡……等買家購買當地木材。涂季冰是天生的開發高手，能言善道又有鍥而不捨的精神，所以負責開拓市場，除了馬來西亞，他也跑遍菲律賓、印尼等地尋找木材，杜綉珍回憶兩人交往時的情景說：「他不是在飛機上，就是在旅館裡，不然就是在看木材。」涂季冰到訪過許多少為人知的偏鄉群島，並跟杜綉珍分享自己的所見所聞。

對於被當作「盒子裡的女兒」養大的杜綉珍而言，就像打開盒蓋，好奇的探出頭來，看見了一個從未接觸過的世界。

比如，涂季冰為了看木材，前往印尼一個偏僻小島。當時島上沒有機場，只能搭乘容納一名乘客的小型電動船，沿著海岸線航行數天才能抵達。途中遇到海浪時，必須像衝浪一樣跳起來，往岸上跑，才能避免被捲進大浪。在船上，唯一能吃的是印尼傳統的竹葉飯，跑了幾趟印尼，讓大學畢業時，體重只有四十八公斤的涂季冰增胖不少，「他告訴我，那叫餓胖了，因為整個旅途只能坐著，餓了就只能吃米飯。」喜愛聽故事的杜綉珍被逗得捧腹大笑，也佩服涂季冰那種不自我設限的開創精神。

兩人相識後，不到一年的時間，涂季冰就對杜綉珍說：「我們年紀都大了，結婚後再來慢慢談戀愛，好嗎？」杜綉珍答應了——但這不只是結婚，而是離鄉背井，要適應新家庭，還有新的國度。

為自己的人生做決定

地圖上的沙巴，形狀像一隻向外伸出的手[2]，亦宛如牽引杜綉珍選擇迎向人生新旅程的命運之手。

這是杜綉珍第一次為自己的人生做決定——在此之前，她都聽從父母安排，他們說什麼她就做什麼，照著他們的希望而活。

杜綉珍成長於一個重男輕女的時代，深受傳統觀念束縛的奶奶曾要求她父親納妾生子，或是領養其他兄弟的兒子。父親拒絕後，奶奶遷怒於她，「阿嬷非常討厭我，晚上睡覺時，甚至會偷偷捏我。」她並不怪奶奶，因

2 沙巴在馬來西亞東部，處於婆羅洲的最北端，與砂拉越州相鄰，與東馬的其他部分隔海相望，接近菲律賓和印度尼西亞，以豐富的生物多樣性聞名，是大自然愛好者和探險者的天堂。西北角的京那峇魯山是東南亞最高峰，東部則是崎嶇的海岸線和熱帶雨林，在地圖上顯得不規則，東北部有一個突出的山打根半島，讓沙巴看起來有些像一個朝外伸出的手掌。

為明白在那個壓抑的年代，女性的處境有多艱難。

她至今記憶猶新的是，大學有位女同學為了省錢，午餐總盛上滿滿飯，只夾少許菜，因為她的學費來自當女工的妹妹。那時，女生能上大學是極為奢求的幸運，許多家境困難的女孩，初中畢業就得工作，只為讓家中兄弟繼續升學。

「我們從小被教導要聽話，很多人婚前聽爸爸的，婚後聽老公的，老了還聽兒子的，」杜綉珍觀察，亞洲文化重視家族血統，資源有限時，女生經常被犧牲，要「讓」給男生，導致長大後很容易害怕，「聽了一輩子的話，妳什麼時候才要幫自己做決定？」

回想自己身邊的朋友、同事，很多人都比她聰明，先天條件也比她好，卻不願意走出舒適圈，像她這樣去碰撞，哪怕是會撞得滿頭包。後來，杜綉珍總會分享，如果想要不一樣的人生，要勇於嘗試，主動走出熟悉的舒適圈。

這也是培養韌性的第一步，「你在挑戰之中能學習很多，失敗了，它能變成養分，你去檢視為什麼失敗？哪裡做得不夠完美？成功了，也要去想為什麼成功？」

她雖然聽父母的話，卻是願意擁抱改變的人。在命運的轉折點上，杜綉珍選擇聽從內心直覺，遠嫁到生活條件不如台灣的異鄉。

當初，兩人講定不辦婚禮，直接前往日本度蜜月，不過，涂季冰是么子，又是手足裡最後一個成婚，家族盼望照傳統習俗辦喜事，最後，兩人順應大家的期待，放棄去日本度蜜月的計劃。一九八〇年一月六日，三十而立的杜綉珍與三十七歲的涂季冰在雙方親友都方便到達的新加坡，舉辦婚禮，隨後定居沙巴。

現在的沙巴是度假勝地，但那時尚未完全開發，每逢下雨，電力就會中斷，水管裡流出的水瞬時混攪如美祿（Milo）那般的巧克力麥芽色。

「嫁到馬來西亞，就完全脫離了原本的舒適圈，我就是外來的人，除了老公外沒有認識的人，沒有後援，真的有一種舉目無親的感覺，一切得靠自己，卻也讓我發現自己好像什麼都可以，什麼都可以不用害怕。」

杜綉珍在沙巴的新生活，歷經了人生角色的轉變，為人妻到為人母，還有開啟成為她自己的新頁——覺悟自己不可以再靠父母，應該把人生的主導權拿回來。

等她有了自己的孩子，也是這樣教育他們，從小開始提醒：「你們是獨立個體，要為自己的生命負責。」相較於跟她同世代的父母，她給了孩子更多自主權。

與丈夫共同創業

結婚後，涂季冰從家族事業獨立出來，與朋友合夥經營木材加工事業。過去，他是小老闆之一，但因為沒有正式領薪與分紅，開銷支付皆是刷卡與支票，身邊只有一些現金。他自覺成家後應有更長遠打算，而選擇進入木材加工領域也是因兄長們經營的是原木事業，不分食自家人市場，另闢新商機。

雖然，涂季冰跟杜綉珍說，結婚後再來好好談戀愛，但兩人都覺得年紀不小，得抓緊時間生子，很快的，迎來懷孕的好消息。從一九八〇年一月六日結婚到同年十月九日，長子涂子謙呱呱墜地，兩人可真是一點時間都沒浪費，「當年結婚，當年投產，當年見效益，」涂季冰幽自己一默。

杜綉珍做事特別認真，生完老大後，立刻想再生老二，卻遲遲沒動靜，擔心之餘，到醫院檢查身體，醫生只給了她一句叮嚀：「妳要放輕鬆。」

一九八一年下半年，涂季冰與朋友拆夥，自己創立貿易公司，杜綉珍成了他的左右手。涂季冰負責對外開發業務，杜綉珍則負責內部營運，從報價單、開發票、填寫包裝單、聯繫客戶、安排出貨和報關等繁瑣細節，到人事、財務和投資等公司管理，包辦一切大小事。

就在開創事業之際，他們驚喜發現懷上二胎。只是，與第一胎悠閒的孕期相比，當時正逢夫妻倆的創業階段，她孕吐又特別嚴重，只能一手拿著垃圾桶，一邊吐一邊處理業務。

那時，全球個人電腦剛發展起來，杜綉珍是當地第一位購買日本富士通電腦的人。她不擅長打字，但木材的材積是以體積（長×寬×厚）計算，在裝箱出貨上，雖然有電腦輔助，手動輸入仍頗為耗時。原因是木條是以「捆」來打包，每捆木材中間再放上橫向木條固定。然而，原始木條的尺寸不盡相同，比如，寬度是三寸、厚度兩寸，長度則可能是五尺、六尺、七尺或八尺，裝箱的成捆木材需要根據不同尺寸進行分類，以計算出每捆木材的材積與價格。

為了提高效率，她與軟體工程師合作，開發裝箱單（packing list）程式，分類木材的尺寸數量，由程式自動計算出材積與總價，並生成裝箱明細，「電腦上只需輸入每種尺寸的數量，啪一聲，結果就出來。」如此，在處理訂單、報價以及客戶結算上也有效率，更避免手動輸入的繁瑣和出錯風險，出貨流程變得順暢。後來，這個程式被當地政府及業界廣泛使用。

「我很感謝計算機與電腦的發明，我數學不好，但邏輯強，比較能看出徵結點。」這種能力讓她日後管理巨大，可以快速找出改進的關鍵之處。

約莫她懷孕三、四個月時，有一天，涂季冰得知馬來西亞政府即將對木材出口徵稅的消息，決定趕在政令生效日之前出貨。但所有木材都需支付款項，涂季冰立即飛往台灣，與客戶洽談訂單，類似現在的先下單再生產。他在台灣接訂單，由留守的杜綉珍安排貨船運送，當時船班有限，一個月僅有一班，根本無法承載這麼大量的木材。涂季冰急中生智，決定租用一艘韓國大型貨船，將整批木材運出。

杜綉珍挺著孕肚，前往碼頭，那時的碼頭上沒有登船板，人必須從一條小船，跳上另一條船，再跳上大船，她二話不說，跳上跳下，上貨船檢查與確認出貨。

由於懷孕期間的工作量大，以致體重完全沒增加，與第一胎相隔二十個月，次子涂子訢出生。她說，相比之下，老大的性格平和，老二個性顯急，「我總覺得是因為他在肚子裡時，我經常跳來跳去的緣故，所以比較包容他。」

另類的胎教，也讓涂子訢從小就展現節奏感。在他四歲那年，有一次全家坐遊輪出海，杜綉珍發現小兒子不見了，結果是他被甲板上播放的麥可傑克森歌曲吸引，跟著音樂跳起舞來。當找到他時，一群人已經圍著這個四歲的小男孩，為他的表演鼓掌喝采。

在沙巴的生活不全然是創業挑戰，還體驗過真正的「特權」——讓原本要起飛的班機等她。

杜綉珍移居馬來西亞後，還是巨大董事，每次開董事會，她習慣搭乘凌晨三點多的馬航班機，也是唯一的直飛班機，飛抵台灣是早上六點，剛好趕上董事會。出發那一晚，她通常會睡到晚上十二點多，再起床準備，帶著一個空皮箱出門去機場，因為回程會從台灣帶回很多母親準備的「愛心補給」。

當年的沙巴一下雨就會停電，所以她都用一個從日本買回來的電池鬧鐘。有一次，遇到令她啼笑皆非的鬧鐘烏龍插曲。那次也是要回台開會，她訂好十二點多的鬧鐘，就上床睡覺。

「我先生可以在任何時候醒來接電話，放下電話又能秒睡，我就不行，擔心會錯過航班，習慣睡一下，再起來看看時間。」那天也不例外，當她醒來第二次，發現鬧鐘顯示的數字還是十一點多，嚇得起身拿手錶一看，驚覺是凌晨兩點多！這下睡意全無，她立刻叫醒丈夫，焦急道：「鬧鐘沒電了，現在兩點多，要趕飛機！」因為那天是董事會，她必須回到台灣。

涂季冰連忙跳起來，邊套上衣服，邊說：「我下去車庫開車，妳拿好行李就下樓。」杜綉珍匆忙收拾，帶上行李箱，剛衝下樓，涂季冰一分不差從車庫駛出，飛車前往機場。

那時的沙巴機場很像一般的巴士站，設施簡陋，也沒有空橋。儘管用了最快速度趕到機場，但已超過登機時間。大廳靜悄悄，櫃台關了，登機梯也收起來，飛機正準備起飛。緊急時刻，涂季冰動用在馬航的熟人關係，他先請人幫杜綉珍辦理登機手續，再請海關重新打開機艙門，架起已撤走的登機梯，等杜綉珍順利上機，飛機隨即起飛，「我跟台灣的朋友講這段經歷，大家不可置信，居然能讓飛機等我，這比張大帥還帥[3]。」

所謂出外靠朋友，除了在馬航裡工作、與涂季冰有很好關係的熟人，可以在特殊情況時伸出援手，涂季冰開始追求杜綉珍，每天打的國際電話，也是因為在電信局裡有好朋友協助，才得以順利熱線。後來杜綉珍嫁到馬來西亞，幾乎也是天天打電話回台灣，跟母親聊天，讓她安心。

杜綉珍在沙巴待到一九八四年，因孩子要上學，舉家搬到新加坡，「那時若經濟許可的話，華人都會選擇去新加坡念書。」巨大於一九八一年創立自有品牌後，積極拓展國際市場，當時，台灣受到外匯管制的影響，人在新加坡的杜綉珍自那開始，協助巨大集團處理國際貿易金融事務，也就是俗稱的「三角貿易」。

在新加坡的七年時光，開啟她增長國際視野的人生階段，熟識了許多出色的國際菁英。

由於新加坡的國際企業集團高層很多是負責亞洲區域的領導人，那時候，她見到的都是全球數一數二、來自不同文化背景的亞洲區總裁或CEO，「我從他們身上學到許多，如同讀了七年的社會EMBA。」她在那裡結交的好友們，教會她國際禮儀、國際金融，以及如何融入國際社交圈，英文也是在那幾年突飛猛進。

3 張大帥指的是中國近代軍閥時期的張作霖。他是中國東北的著名軍閥，被稱為「東北王」。張作霖被尊稱為「張大帥」是因為他在軍界的地位和權威，尤其是在東北地區的掌控，使得他成為當時極具影響力的人物。

要有選擇的權利，也要能為決定負責

從一九八〇到一九九〇年，那是杜綉珍在沒有父母保護，學會自主的時代。

「我跟先生結婚，就離開了真正的舒適圈。」她體驗，當一個人走出自己的舒適圈，經歷過從無到有的過程，面對那麼多挑戰、挫敗，心理素質會愈來愈強韌。她認為，心理素質是一個人克服挫折的關鍵，心理足夠強韌，很多困難就顯得不再那麼可怕了，「你會覺得沒有過不去的坎，只有放不下的包袱。」

遇到問題時，她經常自問：「OK！What's the big deal（好吧，那又怎樣）？有什麼能真正把我打倒呢？」

如弘一大師所言，花繁柳密處撥得開，方見手段；風狂雨驟時立得定，才是腳跟。真正的智慧是能於錯綜複雜中找到出路，真正的力量在於能在困難危機裡保持穩定。

從在台灣，衣櫃的新衣都是媽媽到店裡選好，她再去試穿帶回的舒適人生，杜綉珍在馬來西亞與新加坡的生活，是未曾經歷過的體驗，也激發自己從未想像過的適應和創造能力——誰能想像自己挺著數個月孕肚，在沒有登船板之下，在船舶之間跳上跳下。

為了值得的理由，選擇離開自己的舒適圈，人反而就會變得更有創造力，因為啟動了隱藏在體內的能力。只是，相信自己擁有選擇權，是需要練習的，雖然有些弔詭，卻無比真實——當一個人總是下意識把決定權交給別人，或寄託別人改變，就是忘了本自具足選擇的能力。

就像杜綉珍離開了台灣，這個階段的她，雖然只能靠自己，但因而有了許多選擇的權利，也能為自己的決定負責。所以，不要只是追隨別人走過的地圖，而不去追尋自己的生命藍圖，每當做出一次的選擇，都是一種成長過程，你會愈來愈了解自己，一步步接近真正想要的樣子。

再換一個角度來看，從大腦的設計結構，人類也不能一直待在沒有挑戰的舒適區——我們天生具備「反脆弱性」。

因為，大腦的本能是渴望成長，它的敘事機制是突破逆境。正如心理學與哲學所言，逆境能使一個人變得強大，在本能上，大腦不允許我們拒絕挑戰，若逃避挑戰、回避困難，最終代價可能是陷入與自我對抗的無盡循環，甚至演變成心理疾病。

自始至終，命運齒輪轉動的逆境，是改變的契機，不是為了折斷你的羽翼。

這也是杜綉珍從涂季冰那裡學到的事——他是一個永不設限，絕不畫地自限的人，「他的態度就是Never say no（從不說不），結婚後，我從他身上學到，只要願意嘗試，什麼都有可能。」婚姻，其實是兩個獨立個體學習成為彼此的人生夥伴。

即使到現在，八十二歲的涂季冰還是想著創新，對開創事業保持熱情，他一個人有四位秘書配合輪班。「我從小就很窮，所以養成刻苦的習慣，從南洋到中國都是在工作，沒有到處玩，我真正的興趣是尋找創新，」涂季冰自述。隨著杜綉珍在一九九一年回到巨大工作，涂季冰也把事業重心移至中國，耕耘超過三十年。他所經營的鼎鎂新材料科技，從事工業用鋁、鎂合金研發與生產，廣泛應用到航空、汽車、軌道交通和機車、自行車領域，BMW、Giant等國際品牌都是客戶，「一開始沒人看好，但他就是碰到困難就解決它，全力以赴，盡力做到最好，」杜綉珍觀察。

我們的一生中，對我們產生最大阻礙的不是別人，而是自己。無論出於不自信、害怕失敗，還是對未知的猶豫——我們的恐懼有一半源於自我設限。

若感覺自己打從心底抗拒跨出舒適圈，那麼先看見被藏起來的恐懼，**那些令你感到恐懼的事物，往往是指引我們通向自由的路徑。**

「我覺得人生，尤其到了我這個年紀，勇於嘗試新事物，比小心翼翼來得重要。我不喜歡講願望清單，想做的事為什麼要變成願望？如果有能力並能承擔，我就會去做，」這是杜綉珍秉持的人生哲學，將願望清單化為待辦計劃，一個個落實執行。

我們每個人都有這樣的選擇權利，但需要不斷被提醒：你本來就有能力選擇想做的事，如果也有機會實現，何不真正付諸行動，執行你的人生待辦計劃。

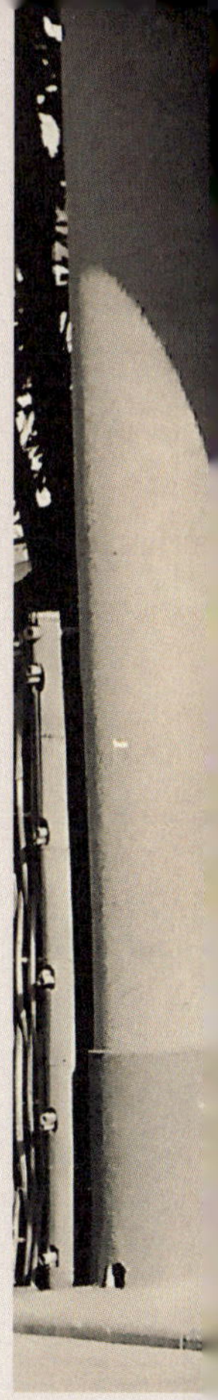

Love

成長與摯愛

小學四年級時，杜綉珍的父親受聘為彰化肺結核療養院院長，在院長宿舍前，父親借了一台腳踏車要教杜綉珍「騎單車」。這是未來的自行車教母，第一次感受騎乘的魅力。

杜氏家風。爸爸杜江祥、媽媽杜劉月嬌，與女兒杜綉珍。儉省穿衣用度，豐富文化與教育，是杜家的教養風格。杜綉珍女孩時期的衣服，幾乎都是母親參考時下流行樣式，再一針一線、一顆顆串珠，精心裁縫的作品。從小學習芭蕾舞的杜綉珍自謙，她不是跳得特別好，但她氣勢很足！

女孩與手足。杜綉珍出生於 1949 年的嬰兒潮世代，但卻是獨生女。在杜綉珍身旁的一對小姐弟，是舅舅劉金標的女兒劉麗珠與兒子劉湧昌。從小一起長大的表姐弟，也是未來在巨大集團中，與杜綉珍一起拓展自行車事業的重要夥伴。

成為母親。1980 年杜綉珍與涂季冰完成終身大事後定居馬來西亞，與丈夫一起創業，也陸續迎接大兒子涂子謙、小兒子涂子訢的出生，並在 1984 年移居新加坡。婚後的她，真正地離開舒適圈，在陌生的國度展開新生活。

拉風媽媽。孩子還小時，杜綉珍會帶著一家人與舅舅劉金標一起，把兩組家庭安排至國外過長假。早上大人打高爾夫球，下午杜綉珍就租一輛敞篷車，帶著兩個小孩四處闖。把握天時與地利，享受台灣不宜的快意。

女人六十。多數時候，杜綉珍的衣著是偏向西方的時尚。在她六十歲，以「女人六十」為題拍紀念照時，一席特別從上海訂購的改良式黑灰色旗袍，是在她身上少見的東方浪漫。

自在與愛。杜綉珍與父母在台灣，先生涂季冰在中國經商，大兒子在英國教書，小兒子在世界各地演出。雖然相聚時間不多，但在這個家，每一個人都可以安心地做自己，也做好這個家庭賦予他們的各自角色，既親密又自在。

第二部

Love, Inspire, Venture

愛的覺醒
你就是世界

在星光下，

我用心中魔法杖，編織夢想，

每一步閃耀著光芒，在無垠中找尋方向。

在乘風中，

我用熱情堅韌，撕去標籤框架，

生命承載信念重量，創造未來想像。

我是我人生中的魔法師，

Love, Inspire, Venture——

猶如呢喃魔法，帶我勇敢翱翔。

Stage
4
Liv
獻給每一個想自我覺醒的靈魂

要做一個品牌，你要很真實。
Liv，是盡我最大可能去真實。

她們說，Liv是為女性而生的專業自行車品牌。

好像，不只這樣。

確切來說，Liv是透過自行車讓全球女性體驗運動的快樂、美麗的快樂、健康的快樂、達標的快樂、挑戰的快樂、分享的快樂、獨處的快樂……，以及自我覺醒的快樂。

一如百年前，燈籠褲成為女性服飾的時尚指標，從此，女性的衣櫥裡不再只有裙裝。回顧 Liv 品牌發展，它的歷程書寫女性自行車現代史（詳見附錄）。至二〇二四年，全台超過三百個銷售據點，進軍海外近四十個國家，全球銷售量佔集團總營收百分之八，朝著百分之十前進。

「在很多國家，Liv 是不少女生買自行車時的唯一選擇，現在，她們一進到門市會直接問：有沒有 Liv？」杜綉珍在二〇〇八年創立了全球第一個為女性設計的自行車品牌 Liv，而 Liv 也為她帶來了五十八歲後的新人生——經營 Liv 品牌十六年，她領悟到：「我就是 Liv！Liv，就是盡我最大的可能去真實。」

這不是巨大第一次跨足女性自行車市場。早在二〇〇八年之前，巨大集團內部就有女性自行車專案。當時，叫作「Giant for women（女生的捷安特）」，被視為男車版的延伸車款。

Liv 創始團隊成員之一的周驊幾乎參與了女性自行車專案的整個歷

程。二〇〇四年，從義大利學習設計歸來，加入巨大的她一開始是做產品企劃，公司請她跟同事研究女性自行車市場，提出設計概念後，少量生產，鋪貨到重點門市試水溫。

雖然，推出令人耳目一新的時尚塗裝自行車款，也在當年捷安特旗艦店、台中的戶外生活館「Together」設立專區，但就像無法累積粉絲數的發片歌手，缺乏持續互動與真誠交流。

當年，遇到的最大阻礙是內部慣性思維，「任何的差異化都很容易被拉回來，他們認為妳在挑戰，質疑為何要不一樣？」費盡唇舌，無數次提案與爭論女性跟男性不一樣的觀點：「最後，我跟Tony（羅祥安）攤牌，如果按現有想法，我無法達到公司目標。」周驊心裡明白，在清一色男性思維的自行車產業，想要做出真正的改變，實在太難。

羅祥安點點頭，表示理解：「不然這樣子，我讓Bonnie來負責，妳不要再聽我們這些男性的想法了。」

這個交由杜綉珍全權主導與創立女性自行車品牌的決策，使巨大有機會翻轉男性觀點的自行車產業。

Liv，由內部創業開始

二〇〇七年秋天，杜綉珍接手巨大的女性自行車項目，在她首騎初體驗後。

那年五月，劉金標受電影《練習曲》啟發，萌生環台夢想，七十三歲時完成首次自行車環台。杜綉珍因公出差，僅陪同他從台南騎到高雄，儘管，從中學畢業後就沒有騎過自行車了，她還是穿著男生版最小號車衣，騎著最小尺寸的鋁製平把城市車，途中還因摔車掛彩，當時因為不會變速，單速騎到高雄，騎完全身酸痛（尤其是屁股），忍不住嘀咕：「怎麼這麼難騎？」

不舒服的騎行感受，成為杜綉珍創辦品牌的初心——當時，巨大集團年產三百萬輛自行車，為什麼沒有為女性設計的自行車？為什麼沒有既好看又合身的車衣和車褲？時尚的她無法接受毫無美感的穿搭，「當我找不到適合自己的自行車與人身商品時，我就知道自己不會是唯一一個遇到這個問題的女性。」所以，她創立了Liv，這個世界上第一個專為女性打造的自行車品牌，起心動念是想讓自行車運動在全世界都能對女性保持友善、關懷。

事實上，當年的全球市場，不僅是巨大，其他國家也沒有女性專屬自行車品牌。這是為什麼？

原因有二，一是自行車是以男性為主導的產業，無法真正理解女性生理結構與男性在騎乘自行車上的差異表現，因而把女性車款視作男車版的小尺寸產品；二是普遍認為女生不會像男生，勇於挑戰長程公路、山路與越野的騎乘路線，因而各大品牌推出的女性自行車都以通勤車為主。

杜綉珍不做則已，要做就全心全意。她把創立品牌視作內部創業，「因為不曉得是否做的起來，我們只能克勤克儉，慢慢成長，時機成熟，再獨立出去。」

首先，為品牌命名，「女生要有自己的名字。」杜綉珍堅持，針對女性消費者，品牌想具吸引力，名字就很重要。內部團隊與外部顧問齊力為全球首創女性自行車專屬品牌發想出「Liv」這個名字[1]。剛開始，品牌以「Liv/giant」問世。

「那時若沒加上Giant，沒人要跟你買，我們需要母雞帶小雞。」杜綉珍很清楚，即使消費者初期不熟悉Liv，也會因為Giant信任Liv品質。她認同，女性自行車應該要學習精品，從服務體驗著手，若需要旗艦店，插旗第一站會在台北，而不是固守台中。

---

1 Liv有生活、活著、生命之意，這個名字源於古挪威語，本義為生命與保護。在現代用法，常是女性名字，象徵活力，傳達正面含義。

負責行銷的詹立慈永遠記得，二〇〇七年秋天，杜綉珍神采飛揚跟她說，二〇〇八年要做出一個女性自行車品牌，並在台北開出第一家品牌原型店。

從那時開始，集團召集研發長張盛昌協助，組建女性設計工程師，從創始人、企劃、工程師和行銷團隊，由研發、設計、製造到行銷的創新流程，皆為女性所主導，就是為了能夠真正進入女性使用者角度，確保每輛自行車完全符合「女性專屬」理念，開發真正對的產品。

這個全球第一個女性自行車品牌要重新定義以男性為主體的自行車世界，不僅要專為女生打造從產品到服務體驗的「Total Cycling Solution（完整騎乘解決方案）」，行銷更需要突破傳統框架。品牌起步時，杜綉珍就定調 Liv 要以數位行銷結合社群經營，帶著 Liv 團隊向數位行銷、頂級精品、科技領域的企業與達人取經，她也時常帶回點子與團隊討論。

杜綉珍從不會因為自己沒做過，或因非科班而打退堂鼓，她相信學習與紀律練習會帶來果實。一如她並非財務專業，銀行界、投資界、企業界都是她的請益對象，而她的堂哥、投資銀行教父杜英宗也是最佳導師。

就像騎自行車帶來的貼地飛翔之感，加速達到一定程度，雙輪便能產生前行慣性動能。騎士只需適時踩踏來保持動力，便能維持平衡與速度，持續向前。

當她成為Liv創辦人，不僅向Google、LV學習，更親身觀察時代趨勢。一直到現在，她依然維持看電影的習慣，觀影之際，更觀察消費者樣貌。比如，因為想要理解泰勒絲經濟學，一個人去電影院看《泰勒絲——年代巡迴演唱會電影》，雖然只聽過一、兩首歌，「你會看到Swifties（泰勒絲粉絲暱稱）盛妝打扮，跟著螢幕唱跳尖叫，回應他們的偶像，全場就像實境演唱會。」

做了Liv，她說自己更多的學習來自真實的消費者世界，「我會想知道女性喜歡什麼、想什麼、需要什麼。」

搖滾玫瑰環台挑戰

二〇〇八年四月二十一日，座落在敦化北路上的全球首家女性自行車專賣旗艦店 Liv/giant 開幕，隔天的世界地球日，由杜綉珍領騎成軍的「Rolling Rose 搖滾玫瑰環台挑戰團」從淡水出發，展開為期十二天，九百六十八公里單車環島之旅。

「我們只有一百萬預算，要把新品牌與旗艦店的宣傳效益做到最大，」詹立慈與杜綉珍討論過後，決定邀請女企業家與知名女性，並浪漫命名為「Rolling Rose 搖滾玫瑰」，杜綉珍帶著鄒開蓮、陳怡安、周筱俐、熊海玲等，共十六位女性完成挑戰[2]，最後一天回到台北時，由時任總統馬英九頒發環台證書。

這也是捷安特旅行社第一次舉辦女性單車環島，首度將蘭嶼納入騎乘行程，而名人效應成功的帶來了媒體廣泛報導，吸引女性消費者走進時尚明亮的 Liv/giant 旗艦店。

以女性單車環島之旅宣告「Liv/giant」品牌誕生，實屬創新之舉——女性不只有一種定義，正如玫瑰，可以柔美高貴，也可搖滾狂放，綻放令人無法忽視的無畏力量。只是，如何讓這些生活在大都會溫室裡的玫瑰們搖滾起來，讓她們第一次體驗自行車環島就上手？「我們為每個人安排騎乘訓練行程，」詹立慈說。

這已經不僅是一場行銷活動，也是 Liv 團隊與捷安特旅行社的學習之旅，期間遇上的痛點都是騎乘體驗的創新點，成為 Liv 日後品牌服務的一環——即使是一個對自行車完全不了解的入門者，透過 Liv 教育課程與門市舉辦騎乘活動，也能打開騎乘世界。

包括：認識與調整自行車與各項配件；做好身體防護，避免運動傷害；學習有效自我訓練；從短距山路訓練到長距離的騎乘。在杜綉珍的要

---

2 Rolling Rose 搖滾玫瑰女性單車環島成員有杜綉珍、鄒開蓮、周筱俐、熊美玲、吳美君、陳怡安、陳芳美、劉素娟、李素真、藍麗娟、潘家娟、朱滿招、楊惠卿、吳素華、陳韻涵、席佳琳等十六位在不同領域發光的知名女性。

求下，加入有效防曬與生理期騎乘的課程。後來，不只是門市騎乘活動，每年台灣總部舉辦的「LIV DAY」團體騎乘活動，更吸引來自國內外的女性騎士參加。

二〇〇八到二〇一二年，是Liv品牌實踐從無到有的創新，以及讓世界看見的自我探索時期。

那時，Liv團隊主要成員是：負責自行車開發設計的周驊、負責全球行銷的詹立慈、負責Liv門市展店的吳珈維、負責人身產品開發的林美孜。「初期是Bonnie和我們四人一起，」林美孜說，杜綉珍完全信任她們，溝通零距離，當遇到棘手難題，她會協助解決。小團隊沒有包袱，就像真正的新創，形成強大凝聚力，「我們是生命共同體，互相支援，人力有限，創意無限。」例如，Liv進入中國的產品發表會，沒有模特兒預算，她們帶著當地同事一起排演，上場走秀。

杜綉珍形容，早年Liv團隊成員就像她的女兒。巧合的是，周驊、詹立慈和杜綉珍一樣，婚後都生了兩個兒子，「我們都笑說生不到女兒，只好更認真做 Liv 來聊以自慰，」詹立慈打趣。

從二〇一五年開始，台灣推行「老闆娘」計劃（Lady Boss），帶著門市經營者的老闆娘們騎車，這個種子師資模式，就是 Liv 經營女性騎士社群的開端——用女性帶動女性。「她們就是最棒的 Liv 大使，由她們再去帶動車店的車友。」杜綉珍也樂於投入 Liv 活動，只要有空就會答應參加，「Liv 是我的責任。」

團隊不約而同指出，每次杜綉珍現身騎車活動，車友們都特別開心，分享在社群的影片點閱率也隨之飆升。

小小的團隊，並沒有讓 Liv 固守原地，在台灣開出三家店後，二〇一二年開始進軍海外，先聚焦中國、日本等亞太區域展店，推出女性自行車和人身配件，並透過數位行銷與門市活動的商業模式，吸引許多女性騎上自行車，形成以「她們」為中心的「Club Liv」。

二〇一二年，Liv 還有個里程碑，插旗法國巴黎，在聖母院旁的聖路易島 Norte Dame 捷安特門市設立 Liv 專區，至今屹立不搖。十年後，杜綉珍受邀女子環法大賽——業餘挑戰賽騎乘，特別提早一天造訪這家門市，拍攝 Liv 行銷影片。

這些成績是摸索出來的，因為是全球第一個，沒有範例可供參考。

而這個摸索，也不只是女性的心理，還有生理結構。過去自行車市場，往往男車、女車共用，但男女身體構造天生不同，團隊必須重頭開始設計，研究女性的身體幾何、肌肉組成與力量輸出模式。這也是 Liv 堅持從源頭的設計、製造、經銷到市場，全球團隊皆由女性主導的原因，她們透過親身體驗去嘗試出新的做法。

如傳奇思想家克里希納穆提那句至理名言：「你必須在方向不明的大海裡冒險，而這個沒有方向的大海就是你自己。」

杜綉珍更是身體力行，收起高爾夫球桿，改騎自行車，數次騎車環島，挑戰武嶺、三鐵，每年累積數千里程（詳見附錄），那些騎行亦啟發了她，讓她回頭持續深化 Liv 品牌的深度。

自我覺醒的平權思維

杜綉珍帶領團隊打造全球第一個女性專業自行車品牌，是自行車工業問世一百多年後，第一次由女性主導的自我覺醒革命。

自我覺醒帶來了公平、平等的平權思維。平權思維不僅展現於意識層面，更體現在品牌行動之中[3]。

她曾聽過，工業產品原本是為男性而設計，「自行車一開始也是為男

3 自我覺醒的平權思維是指通過反省與認識，意識到社會不平等，並主動推動平等權利，如參與教育、支持政策、參加平權運動等，這是持續發展的過程，需不斷學習，成為推動社會公正和平等的力量。

性設計的，所以，做女性品牌更需要堅持的魄力。」

杜綉珍說，Liv 其中一個重要使命是讓全球女性被公平對待，即使女性在自行車產業裡是少數族群，「我們應該為所有的女性提供合適的裝備，並運用品牌的影響力，認真對待全球女性騎士。」

然而，Liv 團隊在國際化過程中首先遇到的障礙並非文化差異，而是男女觀念的不同——要說服一群不關心時尚的男性。

Liv 團隊的主要海外客戶是巨大在各國的行銷公司，透過他們銷售給女性消費者。Liv 作為首個為女性設計的自行車品牌，引入彩色與時尚元素是必然，也是這些海外分公司前所未見的需求。比如，二〇一〇年，Liv 首次跨品牌，與施華洛世奇合作推出全車鑲嵌約兩千顆水晶，全球限量五十台 Avail Diamond 水晶車款，打破自行車陽剛的刻板印象。

相比男性，女性消費者不只注重性能，更在意設計和質感，能否展示出自我風格。她們也樂於擁有多套車衣、車褲以及襪子、帽子等配件。

Liv 設計團隊會收集各產業資訊，涵蓋運動、汽車、彩妝、生活方式和時尚領域，並參考 WGSN（World Global Style Network）等趨勢報告，獲取靈感，轉化為適合品牌的自行車人身商品。

「女性會在意穿得好看，不會只買一套車衣，」台灣捷安特總經理鄭秋菊長年觀察，一般自行車門市營收可能百分之七十來自車子、百分之三十是周邊商品，但 Liv 旗艦店反而是周邊商品營收更為突出。

因而，相比專業自行車，多樣的自行車人身配件要翻轉各國行銷公司的舊想法，更像是一場從傳統零售業跨進時尚產業的洗腦工程，「說服他們接受新色彩和時尚設計是很大的挑戰，」林美孜回憶當年與大叔們的對話。

他們說：「不需要這麼多顏色，只要黑色或深色。」

Liv 團隊：「女性需要不同顏色選擇，搭配今日穿搭。」

他們說：「已經有這麼多顏色了，不需要每年都來新款的圖騰設計。」

Liv 團隊：「這是今年流行的時尚元素，每年都要換不同風格。」

他們說：「年年推出多個主題新款，太繁複了。每年一個主題就好。」

Liv 團隊：「女性需要有選擇的自由，隨心情搭配不同主題單品。」

她們發現，與其於年度發表會苦口婆心，不如學習台灣地方政治——安插樁腳，因為這是一個思維建築的長期工程，需要更多的內部溝通，這些行銷公司的男性才能理解女性產品的設計理念。

因此，她們在各個行銷公司裡，選出一位推動 Liv 品牌理念的女生，這位女性樁腳通常具行銷背景，有些行銷公司則是直接指定女性總經理或行銷主管來擔任此職務，再由這些「Liv Angel」去跟行銷公司的產品與銷售部門溝通。由此開始，慢慢把這些男性大叔改造成接受時尚設計的腦袋。

每個人都要知道自己是誰

二〇一二年對 Liv 來說，是品牌重生的關鍵一年。這道在全球自行車業界獨特的柔韌風景，重新定義品牌精神。

「Liv 本來就是為女性而生，我們進行了品牌再造，不再像以前那樣，一直強調女性跟男性的不同。」林美孜舉例，品牌一開始把女性劃分為風、水、大地、太陽的四種類型，但每位女生不全然只是一種類型，從二〇一二年後，型錄拍攝逐漸轉向情境設計，「女生會找朋友一起騎車的特色，這跟男生想騎就一個人出發很不一樣。」後來，拍攝也不再找時尚雜誌上的模特兒，直接找本身熱愛運動的女性，「她們真實的身分可能就是一名健身教練、瑜伽老師，或是 Liv 品牌大使、運動達人。」

這是 Liv 品牌的第一次自我覺醒——女生就是一個獨特存在的個體，當意識到本自獨特，又何須刻意區分？這也是品牌的自信，展現對自身價值與市場定位的堅定信念，形成愈來愈清晰且強大的品牌哲學，才能在挑戰中展現一致的自我風格，持續吸引認同其價值的消費者。

品牌就像人，需要內外兼修。「要做一個品牌，你要很真實，我的個性也是如此，」杜綉珍說，真實的自我是所有行為的源頭，「我們每個人都要知道自己是誰，才能對自己的人生負責。」

但是，自我是探究出來的，這種探究沒有公式。

法文裡，「Envie」是想做的事，而「En vie」是生存，兩字發音相同，彷彿提醒我們，自我與生存不該被分割。真正的生存是做生命渴望的事，才能不負歲月，否則，生命就如沒了風的帆船，會停滯在時光的河流裡。

而當生存與想做的事相互交織，就能夠編織出生命的這張大網，前進靈魂要去的方向，即使生活帶著泥土和風沙。一起催生 Liv 的總部創始團隊裡，她們各自的生命也因「Liv」而蛻變，找到活出自我的力量。

比如，周驊的改變最讓團隊驚呼。她剛進巨大時，辦公室位於大甲工廠最深處的刷卡管制區，從工廠大門走到那裡需要五分鐘。她喜歡逛街、跳舞，不愛戶外運動，每天打扮的漂漂亮亮，踩著「叩叩叩」的高跟鞋，一路走過工廠長道。做了Liv後，她脫掉高跟鞋，換上卡鞋，愛騎公路車、比三鐵、玩登山車，把自己曬成健康小麥色，從台灣挑戰到國外，週末的家庭日是夫妻帶著兩個兒子一起騎車。「我很喜歡現在的我，」這是二十年前，周驊從未想像過的自己。

影響更多女性加入騎乘世界，是杜綉珍的人生使命之一，「我不是為了追求業績成長，而是因為騎車會使女生更快樂，更有自信。」她也發現，自己開始騎車後，健康迅速好轉，是自己打了多年高爾夫球卻望塵莫及的成效，「唯一要準備的是，需要重買衣服，因為身材會小一至兩個尺碼，」她大笑。

有了快樂，就有自信；有了自信，就有自我覺醒的力量。所以，**真實的去做自己，如果這意味著必須與眾不同，那麼，就勇敢與眾不同。**

這個世界，沒有完全相像的人。因此，你的身體、你的感覺、你的行動、你的思想……，所有身上的感官與感受，都真實告訴你擁有一切的自己，你就是世界——男生是他自己，女生也是她自己。

這正是我們與人工智慧的不同之處，人工智慧可以模仿人類的行為、聰明才智，甚至模擬精神層面，但它永遠無法成為真正的人。

Liv，獻給每一個自我覺醒的人——我們都能愛自己，同時善待他人。

也是帶著這樣的自我覺醒力量，Liv在二〇一四年，正式迎來了她的獨立時代。

Stage

5

從環島到環法
搖滾玫瑰成了Cycling Queen

有些運動會讓人自卑，但自行車不會。
我喜歡激勵他人，
尤其是鼓勵女性突破自我界限。

之一——啟程，你的承諾會賦能力量

「呼、呼、呼……」這不是杜綉珍習慣的空氣，乾燥了些，風裡還帶著泥石礦物的氣息。碎石揚起的塵土在她臉上覆蓋了一層如京劇演員般的灰白底妝。這條路一向是自行車的經典賽段，穿過法國著名的香檳區葡萄園，百分之七十的路面覆蓋著礫石。

儘管在出發前，杜綉珍進行了約六週的科學化訓練[1]，但是訓練台再精密，也無法還原法國葡萄園那蜿蜒曲折的道路上，車輪撞擊礫石後掀起的彈跳塵煙。競速馳騁間，揚起的塵土隨風籠罩整條路徑，彷彿穿行於灰白迷霧，視線朦朧後，感官更加鮮明，風從臉頰劃過，每一次轉彎，她都感受到來自路面的反饋與輪下石塊的起伏，還有肌肉隨著每一次踩踏而緊繃……。

杜綉珍身穿S號「Liv Racing」車衣，騎著Liv Langma，車輪換成CADEX AR，與Liv贊助的職業選手Ayesha McGowan、Chelsie Tan，以及Liv全球行銷團隊的Cassondra Spring、Jen Audia，和捷安特法國的Sandra Robles，共同挑戰二〇二二年女子環法大賽第四站中，最具看點的六十六公里賽段。

二〇二二年七月二十七日，巨大集團迎來了歷史性的一刻，企業領導人杜綉珍成為世界知名度最高的環法大賽中，女子賽事職業——業餘挑戰活動（Tour de France Femmes avec Zwift ProAm）的騎乘貴賓。ProAm（professional–amateur）是許多世界級大賽常見的賽程形式，杜綉珍是史上首位受邀參與女子環法大賽的亞洲女性 VIP，也是第一位台灣人，為台灣與亞洲女性在這場國際賽事寫下新的篇章。

之於全球女性，二〇二二年女子環法大賽更是性別平權的重大突破。環法大賽擁有超過百年歷史，是全球最具影響力的自行車賽事。然而，女子環法賽事僅在一九五五年，以及一九八四年至一九八九年間舉辦過。直到二〇一四年，主辦方 ASO 才以「環法附加賽」（La Course by Le Tour de France）形式重啟，但僅有一日賽程。

因此，二〇二二年是百年來第一場「多日」女子環法賽，從七月二十四日至七月三十一日，巴黎出發，終點設於孚日山脈南部的美少女高地。八天的賽程裡，分為八個賽段，有二十四支隊伍、一百四十四名選手參賽。雖然與男子環法賽的二十三天賽程相比還有差距，但獎酬比例從原本的一比五十調整為一比一，象徵女性自行車運動在追求平權的一大里程碑。

當杜綉珍抵達現場才發現，Liv 是唯一被邀請的自行車品牌，其他贊助商像是家樂福、銀行、保險公司等。大會之所以特別重視 Liv，是因為這是業界唯一專為女性設計的自行車品牌，因此，杜綉珍不但是唯一受邀參加女子環法賽 ProAm 騎乘的台灣代表，她的參與更象徵了品牌對女性自行車運動的堅定支持，七十三歲的杜綉珍「騎」上女子環法賽事，鼓舞無數女性，讓她們看見自己在這項運動的無限潛能，同時向世界展示，女性也能在自行車業界發揮影響力。

事實上，早在二〇二〇年，杜綉珍被英國知名媒體《Cycling News》

1 杜綉珍二〇二二年環法騎乘練習，前後共經歷六週的科學化訓練。前兩週自我練習，後四週加入專業教練指導，進行騎乘訓練，每週包含三天的自行車騎乘練習、兩天按摩放鬆。以下為每週教練指導訓練菜單：
第一週：第五路段→恢復騎乘＋RPM 迴轉速練習→第四～五路段
第二週：第二路段→恢復騎乘＋RPM 迴轉速練習→第一路段
第三週：第一～二路段→恢復騎乘＋RPM 迴轉速練習→第三～五路段
第四週：全部模擬→恢復騎乘＋RPM 迴轉速練習→瑜伽放鬆

選為自行車界最具影響力的五十人，她排名第二十八，是唯一入榜的台灣之光，也是排名最前的全球自行車產業領袖。當國際媒體問被譽為「自行車界最有影響力女性」感想，她的回答發人深省：

「我不是因為很有權力，才有影響力，而是這個行業長期由男性主導，**我看見了有些事需要隨著時代進步而改變——我的確很想，也確實去做了**——所以為自行車行業帶來了一些變革，可能是因為從小的個性使然，看到不公平、不合理的事情，只要能力所及，我就會去改變。」

想改變與做出改變之間的距離，在於願不願意承諾——承諾自己是人生與命運的守護者、創造者與領導者。

你的承諾將賦予你力量，即使最初看似渺小，也能讓你挖掘出無限潛力；反之，若一味逃避，最終會變得不再相信自己——我可以，然後渺小積累成自我貶抑，逐漸長成龐大的阻礙，讓你成為困住自己的那座山。

聰明的你，該如何抉擇？猶如哈姆雷特那句獨白：「To Be or Not to

Be ?」，永遠是思索的命題。

或許，學學杜綉珍，選擇做個聰明的行動者。

以女性鼓舞女性，激起改變漣漪

自二〇〇八年創辦 Liv 以來，她承諾要改變女性騎行世界，也從未停下腳步。

如前述，二〇〇八年至二〇一二年，Liv 證明了以「女性騎行者」為核心的營運模式可行，二〇一三年起，品牌開始逐步布局全球市場，團隊組織也隨之進化，秉持著「為女性、出自女性、與女性同行」（For women, By women, With women）的信念，Liv 成功走出亞洲，並透過集團在全球十多家銷售公司的支持，迅速進軍歐洲、北美等主要市場。

杜綉珍決定優先聚焦歐美成熟市場，認為這些市場如同「低垂的果實」，比較容易達標，能讓總部團隊從當地市場中學習，了解品牌日後所能企及的高度。在文化上，杜綉珍更重視品牌融入當地，發展出跨文化的Liv魅力。「這種靈活性是Bonnie不斷跟團隊強調要注意的關鍵，」詹立慈說。

舉例，Liv曾在澳洲雪梨門市發表一款乳癌特別版自行車，銷售所得全數捐贈給當地乳癌防治單位。當時，杜綉珍與雪梨的女性議員一起推動女性騎自行車的好處，呼籲社會加強對女性癌友的支持。這項倡議的靈感就是澳洲夥伴希望Liv能連結女性有共鳴的話題，講述在地故事的提議。

業界有個說法：「路跑熱潮過後，自行車運動將接踵而至。」Liv也將目光投向路跑盛行的國家。

這是因為女性在習慣戶外運動後，除了跑步，也會開始騎車，甚至參加二鐵、三鐵賽事，增加運動樂趣。然而，即使在女性運動風氣盛行的市場，要讓更多女性投入自行車運動，仍需要一段教育消費者和改變觀念的過程。杜綉珍觀察到，許多女性不懂得如何開始騎車，尤其是住在城市裡的女性，「一旦她們開始，自行車就成了全家人的運動。」這是女性消費者的特色，過去沒有被發覺。

品牌的轉捩點出現在二〇一四年。巨大集團在歐洲自行車展上宣布Liv單飛，從Liv/giant更名為Liv。

「我們認為Liv足夠成熟了，這是面向全球市場的時機，」杜綉珍說。巧合的是，歐洲也是巨大在一九八一年推出自有品牌「Giant捷安特」的海外第一站——一九八六年設立Giant歐洲。二十八年後，Liv同樣在歐洲宣告以獨立品牌登場，這一舉動別具深意。

那一年的歐洲自行車展，Liv的人身商品首次亮相於時尚秀（Fashion Show），展示了專為女性設計，打造整體騎乘造型的全新車款和配件。品牌的獨立宣言，也是女性自行車的時尚新頁。

「我們意識到市面上的女性自行車大多只是縮小版的男性車款，或是簡單加點粉紅色和花朵裝飾！」杜綉珍堅持，Liv 必須為女性打造專屬的幾何設計，而不是僅對男性車款進行修改。最初，團隊嘗試過修改男性車架以適應女性身材，結果發現根本無法滿足騎乘的舒適度和效率，決定從頭開始，設計符合女性幾何比例的自行車與裝備。

改變的靈感來自女子高爾夫運動。開始騎車之前，杜綉珍的主要運動是打高爾夫球。

她在一九七〇年代開始打高爾夫，那時市場上沒有專為女性設計的高爾夫套具，到了一九九〇年代，女性專用高爾夫裝備和服飾發展成熟，讓杜綉珍看到了女性運動裝備專屬設計的重要性。她將這些觀察應用於女性自行車市場，「當女性擁有專屬的高爾夫球桿、服裝和配件時，運動的體驗變得愉快，自行車運動也是如此。」

Liv 作為全球第一個女性自行車專業品牌，不僅改變了女性騎行的世界，也讓巨大集團開創業界先河，旗下雙品牌——Giant 和 Liv，成為男性與女性自行車的領頭標竿。

與杜綉珍在二〇一四年共同宣布 Liv 成為獨立品牌的三位選手大有來頭：一九八七年生的瑪麗安娜・沃斯（Marianne Vos）、一九九三年生的約蘭達・內芙（Jolanda Neff）、一九九二年生的波琳・費蘭德-普雷沃特（Pauline Ferrand-Prévot），她們都是國際賽事常勝軍，也是 Liv 贊助的選手，皆曾摘下奧運金牌，為 Liv 品牌的推廣增添了耀眼「金」光。

運動行銷一直是巨大集團的重要策略，贊助國際賽事、車隊和選手，多年來選手們持續在環法、環義、環西班牙等三大賽事與奧運場上，奪下多項車隊總冠軍和個人冠軍，向全球證明「Giant」是頂尖專業自行車品牌。同樣的，Liv 也積極透過運動行銷和數位行銷參與女子自行車運動，贊助多項國際女子賽事，包括女子環法賽、女性三鐵比賽……等，持續助力女性運動的發展。

在二〇二二年女子環法大賽的八天賽期中，有兩支車隊騎乘 Liv

Langma自行車參賽，Liv同時是「白衫」——最佳年輕車手贊助商中的唯一自行車品牌。選擇支持白衫也是因為年輕選手在成名前往往較缺乏資源，這呼應了Liv核心目標是打破社會對女性的偏見與束縛，讓更多女性有機會騎上自行車，實現她們的潛能。

另一方面，亦特別關注不同族裔女性選手，支持來自不同國家、種族和年齡層的運動員，贊助多位具有平權里程碑意義的女性自行車選手。

例如，第一位代表伊朗參加Kona鐵人三項世界錦標賽的Shirin Gerami，支持印度裔加拿大登山車選手Anita Naidu，簽下菲裔美籍選手Coryn Rivera，幫助她加入職業車隊，她也不負眾望，創下美國女子公路賽的最佳成績，把第一位非裔女性選手Ayesha Mcgowen送進UCI等級女子公路賽，她成為Liv Racing成員後，自發性推廣不同族群與孩童的自行車運動。

在需要性別平權的中東地區，Liv也推動變革，二〇一五年在杜拜開設門市，推廣女性騎行文化，贊助了阿富汗國家女子隊，為當地女性提供更多參與運動的機會。如今，在全球自行車界，Liv Racing 隊伍備受矚目，展現出品牌在女性騎行運動的影響力[2]。

此外，Liv 在全球組建了一支多元種族 Liv 大使團隊。這些大使們在世界各地持續推動女性自行車運動，形成了在地的支持力量。正如詩人紀伯倫所言——我們要用生命影響生命——杜綉珍藉由女性連結女性，用女性鼓舞更多女性。

熱情、勇氣、關懷、行動與堅持，點滴匯聚，創造並擴大了改變的漣漪效應。

---

2 Liv Racing 是由三個不同的專業團隊組成：Liv Factory Racing 越野登山車隊、The Liv Racing Collective、Liv AlUla Jayco 女子車隊，她們代表在全球各自行車領域的頂級賽事中出賽。Liv 也是唯一全女性組成的 Enduro World Series（EWS）合作夥伴。

之二——抵達之前，永遠不要再將就

杜綉珍所挑戰的六十六公里路線是從塞納河畔巴爾（Bar-sur-Seine）至奧布河畔巴爾（Bar-sur-Aube），這段路不僅鋪滿礫石，還有許多崎嶇路面，需要高超的騎乘技巧才能順利應對狹窄的路段、急彎和陡坡。

環法賽如巴西嘉年華，是舉國盛事，每年總吸引成千上萬人觀賽。當她來到奧布河畔巴爾時，道路兩側早已擠滿觀眾，他們搖旗吶喊，幫選手加油，也是環法賽看點之一。在民眾的熱情歡呼中，杜綉珍帶頭衝過終點線，完成自我實現。大口呼吸後，她抹掉臉上白灰，接受採訪時，幽默說了一句：「這不是公路自行車賽（Road bike race），而是礫石路自行車賽（Gravel bike race）。」

合照時，她是所有受邀 ProAm 貴賓中唯一的東方臉孔，卻成了西方人口中的榜樣，他們豎起大拇指，簇擁著她站在正中間。七十三歲的她以行動證明，只要願意承諾，凡事皆有可能。

現實世界遠非迪士尼童話，並非揮動魔法棒就能點石成金。

儘管 Liv 滿足了女性消費者的需求，杜綉珍仍面臨業界對於女性專屬幾何自行車的不同意見。零售商擔心，女性專屬幾何設計的自行車會增加庫存成本，往往仍向女性推銷男性自行車。製造商也不願承擔為女性專屬車架創建模具的額外成本。在商業考量下，許多大廠或品牌選擇生產更多尺寸的中性車款，以適應不同體型，而非針對女性設計專屬的自行車。

至今，女性專屬自行車仍不普遍。許多自行車業者認為，只要調整男性自行車的尺寸，再更換坐墊、車把等接觸點，就可以了。

「這是因為在 Liv 出現之前，女性習慣使用男性自行車，訓練自己適應它。」女性過去只能騎小尺寸的男性自行車，是因為沒有其他選擇，杜綉珍堅信，女性專屬幾何設計的自行車有其必要性，「當女生騎上後，一定會感覺更加舒適，那麼，女生們為什麼要妥協？」

過去的將就，是因為別無選擇，杜綉珍不想女性們再將就下去了！

雖然，Liv受益於Giant的雙品牌通路效益，全球的捷安特門市也引進Liv產品並設立展示區，但國際化推進過程中，Liv在歐洲市場面臨的阻力反而比亞洲更大。

自行車運動在亞洲市場處於新興發展階段，人們對自行車的想像相對開放，作為交通工具之外，還視其為運動選項。而歐洲自行車運動超過百年歷史，根深蒂固的傳統自行車文化思維，讓Liv面臨挑戰。

簡言之，自行車被認為是二十至四十歲男性的競賽運動，固有觀念使得推廣女性專屬自行車相對不易，好比杜綉珍在環法邀請賽挑戰的那段路線，需要穿越大片葡萄園和四個積分登山點，不僅要克服灰白礫石路，還要爬升九百九十公尺，完成數個坡度超過百分之八的陡坡，以及高達百分之二十一的極陡坡，充滿挑戰。

杜綉珍積極尋找助力來打開市場。Liv先推動了美國，進而影響其他市場跟進，她說，這要歸功於一位關鍵人物：時任捷安特美國總經理 Elysa Walk。她邀請女性銷售專家、《Why She Buys》作者 Bridget Brennan，教育美國門市的店主們，以數據展示美國家庭中，有百分之七十開銷由女性決定，「這是潛在的大商機，」Elysa 喚起這些男性店主對女性消費者的重視。

另一位關鍵人物是美國行銷專家 Amy Stanfield，她讓 Liv 品牌有更清晰的樣貌。二〇一六年，杜綉珍邀請她加入 Liv 團隊，確立行銷主軸，強化與市場的對話，為 Liv 全球行銷團隊注入西方觀點，更臻成熟。

隨著品牌進軍更多的國家，Liv 與來自美國、澳洲、芬蘭……國外設計師合作，跨文化使設計觀點朝向多元、國際，從自行車到人身商品的車衣、車褲、手套、襪子等整身系列，不斷創新與探索理念，愈來愈能巧妙詮釋時尚趨勢，品牌逐漸抬頭、挺胸，掙脫枷鎖。

將 Liv 融入集團，實踐 ESG 策略

在 Liv 品牌獨立後，杜綉珍卻開始思考：「是否要將 Liv 專案融入 Giant 品牌團隊？」

與 Liv 團隊深度對話後，她決定讓專案成員融入組織，歸建到相對應的集團部門，學習跨部門協作。另一方面，Liv 的產品在研發長張盛昌的助力下，開發流程轉向協同設計模式。杜綉珍深知，一個新創品牌的長期成功關鍵，在於其必須與組織文化交融。

之於巨大集團，女性員工比例約達一半，原本就鼓勵員工做自行車，也要懂騎車，有了 Liv，女性員工、男性員工的女性眷屬更有意願參與自行車運動。

也因為有了 Liv 品牌，集團自然而然意識到性別平權的重要性，進而實踐在以男性為主的自行車世界裡，並落實 SDGs（聯合國可持續發展目

標）第五項的性別平權，納入 ESG 策略，把口號變成管理行動。

巨大總部、全球子公司有多位女性經理人與重要主管嶄露頭角，讓女性在自行車產業擁有更多話語權。這些女性不僅帶來新的視角，也重塑了市場思維，改變傳統自行車零售業中的男性主導觀點。

這不僅是品牌策略上的創新，更是社會責任的實踐。

而想要使更多女性參與自行車運動，就要解決在服務體驗流程中的每一個挫折點（痛點），Liv 從服務體驗與社群經營、數位行銷著手，帶來自行車業界的通路革命，回過頭促進集團的創新與成長，重新定義整個自行車行業的未來——女性的力量、決策權以及對市場的深刻影響，變得不可忽視。

這個變革潛力，為自行車產業帶來了新的成長活力與想像的可能性。比如，開始有女性技師加入自行車業，台灣母市場帶頭示範，透過「Giant Retail Academy（GRA，捷安特零售學）」，培養擁有技術能力的女性員工。這些女性技師也成為具有超強說服力的銷售人員，能從女性角度提供真心建議，不但建立了顧客對品牌信任度，週末假日，她們還會帶領團體騎行，強化品牌黏著度。

「這是 Liv 引以為傲的一項成就，」杜綉珍時常在不同場合的演講裡提起她的感動。

她指出，運動產業的零售環境尚未習慣與女性客戶對話，所以，她與總部團隊在全球經銷商大會時，或是她自己對外的演講分享，總是鼓勵大家多培訓或聘請女性員工。

二〇一五到一六年，Liv 連續兩年獲選為英國最佳自行車品牌，甚至在公路自行車領域，不與 Giant 並列後，Liv 也成長為英國第五大品牌。這一成就不僅代表品牌增加了市佔率，更象徵 Liv 在推廣女性專屬自行車理念的果實。

看見了可以改變之處，更勇於去改變。

也是從二〇一五年開始，研發團隊挑戰補齊 Liv 產品線，背後代表意義是，不只設計女性專屬自行車，而是要帶動整個產業鏈轉型，包含零組件要為女性進行全新研發。這是一場革命，也是遊說產業改變慣性思維的旅程。

那年，杜綉珍參加日本富士山自行車登山賽，手部因長時間剎車感到疼痛不已，所以，當她會見日本自行車傳動系統大廠 Shimano 高層時，積極遊說他們設計適合女性的剎車把手。對比開車，把手就是自行車的方向盤，電子變速、剎車全在雙手之間。她清楚，若最大廠 Shimano 願意改變，其他相關零組件業者的改變意願也會提升。

杜綉珍請對方張開雙手，接著，對照自己的手掌：「您看，男女的手大小差很多，女生需要自己的把手。」Shimano 高層說，回去會考慮。

由於遲遲不見動靜，二〇一六年，她再次與 Shimano 高層會面，重提建議，對方依然回答：「我們正在考慮。」杜綉珍是太陽射手座，月亮星座卻是有毅力的魔羯，構成她有行動力，更有耐性的人格特質，今年遊說不成，明年再來，如果不成，後年再來……就像一位有耐心的獵人，二〇一七年再見Shimano，她繼續上演相同對話。

二〇一八年，Shimano終於採納了她的意見，先推出一款為女性小手設計的剎車把手（公路車105款），並在二〇一九年，納入變速套件選項。龍頭大廠Shimano改變了，其他業者開始正視女性需求，另一個大廠SRAM最終也認為，那麼大的把手沒有意義，把最頂級的SRAM RED變速把手盡可能的縮至最小。

一個把手的大小，為什麼如此重要，讓杜綉珍遊說多年也不放棄？在騎乘過程中，舒適的變速把手能讓騎士依路況變換騎乘姿勢，破風、衝刺、下坡、爬坡，保持穩定的操控性。好握的把手更是行進間變速能否輕鬆自如的關鍵，尤其是長途騎行，會不斷變換姿勢，改變騎乘重心以利運用不同的肌群，此時，好的把手設計能讓騎士在上把位、下把位與變把位之間輕鬆自如的控車騎行。

人生如同騎單車，手握把手，前行的方向操之在手，女性騎士終於擁有舒適好握的變速把手！杜綉珍改變的不只是零組件，更是賦予女性輕鬆「掌握」方向的意義。

懷著不想再讓女性將就的夢想，品牌走向更講究的未來。

「我們一開始針對女性開發專屬自行車，就是從騎乘體驗著手。」周驊舉例，首先因為女性骨盆比男性大，需要開發女性專用自行車坐墊，作為女性，維樂董事長余彩雲二話不說，當然點頭；又比如，男生騎士多用上半身力道，女生騎士多用下盤力量，Liv 就去研發適合女性的坐管角度，以利女性能善用肌肉力量，騎乘表現更好。

當然，這遠遠不夠，Liv 想要的更多——想要寵愛不同需求的女騎士。

Liv的一小步，是女性自行車的一大步

女性需要多元的車種。「市場上存在著明顯的空白，缺乏與男性車款相對應的女性車款，」個頭嬌小、Liv第一位女工程師施靜汝比喻當年懸殊差距：假設捷安特擁有二十款車種，Liv可能只有五款。

所以，團隊的首要任務對齊男性車款，解析其設計，研究女性在實際騎行中的需求。例如，男性有專門的登山車，Liv根據女性身形比例、力量分布及騎姿特點，設計出相應的女性專屬登山車。之後，研發出三鐵車，Liv經典車款AVOW Advanced Pro，就是團隊為參加三鐵比賽的女性精心打造，再逐步涵蓋到混合路面車、通勤車、電動輔助自行車等多種類型產品線。

這一過程對女性自行車史至關重要，因為女性終於擁有優質且友善的完整產品線。可以說，Liv的一小步，是女性自行車的一大步。

也不僅是想為女性提供「優質且友善」的自行車產品而已，團隊更進一步，想開發「創新又專業」的女性高階自行車種——進軍女性競賽自行車領域，比如，對焦 Giant 高級競賽車款 TCR[3]。施靜汝說，Liv 的研發是以女性為本，只要是女生需要，該有的車種就要做出來，「女生也想有自己的 TCR，能讓女性選手獲勝的車款。」

名字，當然不叫 TCR。

二〇一七年，Liv 推出女性 E-Bike 以及對標 TCR 的首款高級競賽公路車 Langma Advanced。也是那一年，杜綉珍接任巨大集團董事長。

當年，在義大利「Langma」新品發表會，邀請多位女性媒體記者參加，

3 TCR（Total Compact Road，全壓縮式車架）是跨越時代的創新，自上世紀末問世後，一直屹立於公路自行車競賽。Giant 一九九七年推出碳纖維公路車 TCR，就是運用當時最先進碳纖維技術，突破傳統的「傾斜上管」設計，打造出兼具輕量化與高剛性的鑽石幾何車架，助力選手在競賽屢創佳績。

象徵跨時代的巨獻，命名靈感來自世界第一高峰聖母峰的藏語發音——珠穆朗瑪峰，呼應這款經由選手測試與賽事認證的全能型爬坡競賽車特性。「這是 Liv 在高性能自行車的里程碑，」施靜汝解釋，Langma 問世前，Liv 有「Avail」和「EnviLiv」專業自行車，隨著消費者騎乘技術愈來愈專業，Liv 進入競賽級自行車領域。

因而，Langma 是全新的研發，從女性選手需求出發，根據女性身體數據分析騎姿與體重分布，並考量各種騎乘情境和地形，從車架到零件的每個細節都經過嚴謹驗證，將需求轉化為技術創新，實現競賽級騎乘體驗。原型車測試不僅由 Liv Racing 選手參與，杜綉珍也親自上陣。

「Bonnie 非常投入每個過程，只要需要，她總是盡力協助。」施靜汝回憶，Langma 剛研發時，杜綉珍興奮騎著原型車在大甲工廠附近田野穿梭，開心得像小女孩，這畫面至今讓她難忘。事實上，杜綉珍與研發團隊關係緊密，經常在週末騎乘或參賽後，詳細回饋新車騎乘體驗，為產品優化提供重要意見。

其實在創立初期，Liv 品牌沒有專屬的生產線，需與男性車款共享資源。由於女性車款在外型、比例、剛性、重量和風阻等方面與男性車款不同，對工廠而言是截然不同的開發項目。團隊早期需花大量時間與工廠溝通，耐心解釋為何女性自行車需要專門的設計與生產，才能滿足女性騎士的需求。

隨著 Liv 的產品布局日漸完善，產品提案已是研發團隊集體努力的成果。透過產品計劃與研發、製造的協同合作，Liv 建立起「Just in Time」生產模式，實現市場與技術雙向創新。這類似時裝設計模式，依據市場趨勢提前設計下一季車款，並與工廠緊密合作，開發市場需求的最新產品。

另一方面，團隊也密切關注工廠的技術創新，將其融入產品設計，力求在技術創新與市場需求之間找到平衡，成為產品改進的關鍵基礎。

例如，第二代 Langma 的性能提升正是技術驅動市場改款的成功案例。第一代上市後，團隊收集市場回饋，分析競爭產品與賽事經驗，不斷探討輕量化與效能優化。最終，透過研發與生產團隊合作，第二代 Langma 誕生，展現顯著技術進步，帶來更具競爭力的產品。

二〇一九年，集團進行組織變革，目標是最大化資源整合並促進共享與共創。研發團隊不再按品牌劃分，而是依車種分組，如公路車、登山車、混合路面車等，更專注細緻打磨細節。以公路車為例，團隊需兼顧 Giant 與 Liv 品牌需求，並整合資源，實現創新與品質提升，更精準滿足市場需求。至此，Liv 已完全融入集團，透過資源共享與合作，在產品開發上獲得支持，靈活應對市場需求，鞏固其在女性自行車市場的領先地位，為長遠發展奠定基礎。

然而，對女性來說，比起變速器和剎車，更在乎的是分享騎行的快樂。未來，消費者的體驗將超越硬體本身。「我們關注的科技和創新不是為了競爭，而是為了讓騎行更愉快。無論是軟體還是硬體，只要能提升騎行樂趣，就是我們的目標。」有一次，杜綉珍在大甲工廠的生產線上，看到女性技術員組裝客製化的 Liv 自行車，她隨即拿起手機，拍下了這畫面。

「由女性為女性製造專屬自行車，我們走了十六年。」她期望，更多的自行車業者能關注女性市場，投入資源，滿足騎行多元需求，「Liv 是範例，但絕不是特例。」

之三——實現，Liv 是一生志業

杜綉珍作夢都沒想到，這一生能站上女子環法大賽的選手台。若數學不及格可以當上財務長，她第二個勵志故事是體育不及格，卻能在七十三歲時，受邀參加女子環法大賽 ProAm 騎乘競技。

從二〇二二年五月十日，杜綉珍接到邀請後，已經過六週的完整訓練，包含賽段路線與全程路線，皆已練習過數次。雖然大部分時間都在訓練台上模擬騎行，但抵達法國前，她就知道比起專業環法選手，以自己的速度很難於規定時間完騎。因此，事先請求大會讓她更早出發，以免影響後頭職業選手的賽事，「我可以比別人勤奮，提早準備，但一定要到達終點。」

對她來說，參與女子環法大賽，與職業選手在相同的賽道上，是非常重要的事，不只是她對女性自行車的承諾，更是一種人生的自我實現。她全心全意想要完成這項任務，每當力不從心時，就會為自己打氣：「you can do it！」她說，只要開始，就要完成，「Never give up！這就是 Liv 精神！」

台灣捷安特總經理鄭秋菊回憶多年前的一天，她回到大甲總部，剛踏進門，羅祥安一見到她，便請她去做一件事：「妳去勸勸 Bonnie，都受傷了，不要去比賽了！」杜綉珍練騎時，不慎整個人飛出去，手腳掛彩，仍堅持參加，羅祥安勸說無效，想換個人來說服她。鄭秋菊領命後，來到財務部找杜綉珍（時任財務長）。

沒想到，杜綉珍一看到她，斬釘截鐵對她說：「你們都不要再來勸我！我還是要去比。」鄭秋菊說，這就是杜綉珍，她會堅持完成目標。

不會的就學，程度不夠的就努力練習，那些完賽紀錄——環台、攻上武嶺、三鐵挑戰、女子環法賽業餘挑戰、一日北中騎一百七十五公里——從來就不是靠天賦，而是靠訓練完成的。如果紀律也算一種天賦，那杜綉珍絕對擁有它，每次的挑戰成功，都是她持續不懈的成果。

小時候，父親教她柔道，好長一段時間只讓她紮實練習「護身倒法」。於是，她學著各種摔法！無論是從蹲著往後跌倒、站著往後跌倒，還是側身或正面向下跌倒……有次，詹晶玲來住她家，心血來潮想學柔道，杜江祥當場開始教學：「我住了一星期，就在榻榻米上摔了一星期。」詹晶玲下次再去，就說不學了。

一開始，杜綉珍也覺得不斷假裝跌倒，又自己站起來的過程很無聊，事後才明白，柔道學摔倒，是先學會保護自己，所以稱作護身倒法。這像人生，**每一次的跌倒都是在積累力量。跌倒時，真正關鍵的是如何能夠站起，繼續前行。**「因為學過柔道的摔倒技巧，摔車時，我的身體會有自然防護機制，比較不那麼慘。」其實，杜綉珍很重視騎車的安全，經常提醒團隊要教育消費者安全的重要性。

二〇二三年，杜綉珍獲頒聯合國世界自行車日（World Bicycle Day）終身成就獎，表揚她長期推動自行車運動，尤其是推廣女性騎乘且身體力行的精神，杜綉珍也是第一位仍在職場上活躍時便獲得終身成就獎的人。

她完成環法大賽的那一年，Liv 推出了一款特仕版（特殊款式）自行車，潔白車身上加入她堅持的花樣圖騰，這是 Liv 從未在車架上嘗試過的設計風格。車架橫桿上還刻了一句話：「Here comes the future（無可限量的未來）」。簡短一行字，體現杜綉珍對女性騎乘的鼓勵與支持，宣告著「Women，我們」擁有開創未來的力量。

「很多人都說放上花會顯得俗氣，但我不以為然。**女人就像花一樣，怎麼開都是美**，我們女性要有屬於自己的騎行觀點。」

孫女滿月時，杜綉珍特別訂製了台北知名甜點店珠寶盒的彌月蛋糕，歡喜昭告天下。然而，當孫子滿月，卻沒有蛋糕，也沒有紅蛋油飯。她坦誠私心：「孫女一定要有，她是女生嘛！」

劉麗珠形容，Liv之所以能夠成功，源於杜綉珍心中的那份浪漫。

「Liv是我一生的志業，」杜綉珍宣誓承諾。

她呼籲、她感召，就像她喜愛的伊莎朵拉．鄧肯，鄧肯的舞蹈雖然是在歐洲成熟，但對全球現代舞有著舉足輕重的啟發作用。這位女性自行車教母用她的認真，改變了自行車的世界——Liv不僅僅是一個品牌，更是一個讓女性能夠突破自我，追尋自由與力量的象徵。

她喜歡激勵他人，尤其是鼓勵女性突破自我界限。「有些運動可能會讓人感到自卑，但自行車不會。我小時候不僅數學不及格，體育也很差。我可以，大家一定也可以！」

當一個人願意勇敢突破自己的界限，就有機會看見那個有巨大潛力的自己。如同一棵大樹，若沒有堅韌盤根，枝幹也難以茂盛伸展向天空。

我們必須扎根，才能長翼。人生如果沒體驗過拚盡全力，衝過終點的時刻，活著，好像會少了那一點滋味——「為生命歡呼」的那一味！

克服考驗，你就會被賦予嶄新的機會，有時，你會獲勝，有時，你會學習。

而，宇宙都知道，你的價值勝過你渴望的一切。

Stage

6

我是我人生中的魔法師
愛上讓自己快樂的方式

我們只會活一次。
若不努力，不是太對不起自己了！
為何不把每天當作最後一刻來活？

紫色，不容易駕馭，可以高貴神祕，也可妖嬈豔豔，若沒有優雅內斂的風華，很難演繹它天成的魅惑與貴氣，像是日本平安時代的人們將紫視為高貴色彩，創造了許多以紫花命名的顏色，如紫苑色、菫色、龍膽色——比起紅色，紫色其實更具氣勢，一不小心會令人黯然失彩，得要有一種「梅花一樹映蒼茫」的韌性酷勁，用氣質與張力去相襯才行——杜繡珍屬於這種。不知何時開始，紫色經常出現在她身上。她有紫色系車衣、卡鞋……

等配件，Liv 品牌 Logo 也是紫色。

杜綉珍並不會偏愛特定顏色，任何色彩她都願意嘗試，只要風格得宜。後來，她的多年髮型師雅惠也認為紫色很適合她，便將杜綉珍的短捲髮挑染上紫，與白髮底色交融，意外成了迷人的淡堇，風采出眾。

但紫無論是優雅還淡雅，皆隱隱透著一絲桀驁不馴氣息，正如杜綉珍骨子裡的颯爽與不屈，從戒嚴時期探索思想自由的文青少女，到後來翻轉產業的全球女性自行車教母，她這一生從來不缺那麼一點革命的勇氣。

在那個裙子要長達膝蓋下十公分，頭髮必須剪至耳上三公分，彰化女中學生外出只能穿著制服的威權統治年代，杜綉珍在家是父母的乖女孩，但在學校可不是，雖不至於是壞，卻離「乖」有段差距，至少不是師長眼中的聽話學生。

「我在學校鬧的事情可多著了！」杜綉珍在初中時，因同學擅自拿走她的參考書，氣憤之下動手打人，結果被叫到校長室。她永遠記得，校長的名字叫畢靜子。校長並沒有如她預想般勃然大怒，而是靜靜地聽完她的解釋後，溫和地開導一臉不服氣的杜綉珍，讓她明白，雖然原本有理，但動手打人便失去了立場。最終，校長決定讓她每週一到辦公室背英文作為處罰。

說是處罰，其實是幫她，日後杜綉珍考上淡江英文系。

在權威裡學會思辨

升上高中，她年年都在反權威。

高一時，杜綉珍因一次請假而被記了小過。那年聖誕夜，她和父母前往台中吃飯、看電影，半夜突發蕁麻疹，吃藥後昏睡，無法參加隔天的「行憲紀念日」大會，只能請假。杜江祥寫信說明女兒的病情，當杜綉珍把信交給訓導主任，他卻當場將信丟在地上：「請病假要有醫生證明。」杜綉珍解釋，自己的父親是醫生，所以沒去醫院，主任卻質疑，要她罰站，記了一個小過：「妳不能讓爸爸看病，半夜也必須找別的醫生證明。」

那個小過的罪名是——不愛國。

這件事讓她對學校的公平性徹底失去信任，她困惑為何父親是醫生竟成為自己的錯。此後，杜綉珍更加堅定，自己不應屈服於不平等的權威，「尤其面對不公不義的事，我會挺身而出。」她曾在課堂上，發現國文老師講錯《水滸傳》的內容，本來只是舉手確認，但老師為了保住顏面，堅持己見，杜綉珍也完全不膽怯，當場與老師辯論書中真理為何。

高二時，學校強迫每位學生入黨，將她們集合到圖書館簽名，並告知不簽就不能離開。杜綉珍認為這毫無道理，看準時機，假裝已寫好申請書，偷偷溜走。正當她慶幸沒人發現時，教官迎面走來：「妳寫好申請書了嗎？」她故作鎮定，乖巧點頭。教官擺擺手：「那就不要在走廊逗留，趕快回教室。」

事後，同學發現她根本沒寫申請書，她反而調皮打趣同學：「妳是小嘍囉！大丈夫（威武不能屈）說不簽就是不簽。」同學氣的作勢要打她，追著她跑，這位同學是她高中好友之一，日後成為知名媒體人的陳婉真。長大後，在台北工作那段日子，杜綉珍家中寬敞，她一個人住，陳婉真有時會帶著許信良以及黨外同志到她家吃飯聊天，「我這麼不相干的外圍人士，當時在台北家的電話也被監聽。」因而，她也算間接見證了那個時期的政治氛圍，體會到權威者對異議人士如何嚴密監控。

高三時，杜綉珍差點再次被記過。這件事源於校慶拔河比賽，當時她的班級與直升班的同學對決。因為體育成績不佳，她未上場參賽。沒想到，卻因直升班的上場人數比她們班的上場人數多而輸掉比賽。當她們舉報對手作弊，應算失格輸掉比賽，裁判老師卻偏袒直升班，要兩隊重比一次。

杜綉珍聽到後，召集同學商討對策。她說：「既然這麼不公平，我就上場，等一下大家聽我指令，一起放手，讓她們全倒！」

比賽開始，在「一、二、一、二……」的拔河吆喝聲中，杜綉珍仔細觀察對方的節奏，算準時機，出其不意大喊：「放手！」她們這隊同時放掉繩子，強大反作用力使得對手瞬間失去平衡，全隊跌得東倒西歪，慘叫聲四起。

一旁觀賽的師生看到這一幕，個個目瞪口呆，校長氣極敗壞的要記大過，杜綉珍挺身，大聲抗議：「一開始犯規的是她們，憑什麼要我們重新比賽？這哪裡公平？」最終，這件事不了了之。

大一新生訓練期間，學校進行統計，針對尚未入黨的學生，要求他們集體參加思想教育。一次不行，就要去第二次、第三次……，杜綉珍一再被點名，她想方設法不去，大學畢業後還是無黨無派，「誰都不能強迫我，而且只要我知道不公平，又是我能力所及，一定幫你出頭到底。」她自嘲，若不是從小在日式斯巴達教育的家庭中長大，可能早就成為角頭女老大；如果自己不是經營者，絕對會是勞工運動的帶領者。

工作、騎行之外，另一面的杜綉珍。這張在櫻花樹下悠閒野餐的照片，她自認最像現在的自己——不拘一格、豪氣颯爽的「女漢子」。（攝影 何凱菁）

在家庭與自我之間找到平衡

杜綉珍推崇一天只創作三十五字的作家王文興，對他用七年時間雕刻出華文小說《家變》讚嘆不已：「那真是偉大的作品啊！」

正如《家變》所揭示，時代變遷迫使個人和家庭必須適應，學會接受不同的價值觀。若固守傳統權威、壓抑個人需求，只會深化矛盾，導致分崩離析，所有個體在現代社會，必須在家庭、群體與自我之間找到和諧的平衡點。

她不畏懼去挑戰不合理、不公平，總是在力所能及的範圍內挺身而出（還曾為外傭化解婚姻危機），這份力量源自她在家庭與自我之間找到的微妙平衡。

曾經，她是背負父母期望的載體，活得像從出生就被設定好的程序。原生家庭給的「日式斯巴達」教育，教會她要合宜規矩，有禮得體，乖順聽從父母的話。她一直也是這麼做的。小時候，父母要她學什麼，她就學；讓她報什麼志願，她遵循；要她回來工作，她照做；讓她跟醫師相親結婚，她聽話……

兩人相處沒多久，男方按計劃先赴美留學，杜綉珍則等待簽證核可後，再去美國一起生活。遠距的這段期間，她認真精進廚藝，學做道地中菜，興奮與詹晶玲分享，這幾天學會了哪一道新菜，到美國就不用擔心吃不到家鄉味。行李箱裡，她特地帶上料理鍋和各種烹飪器具，為即將到來的異鄉生活準備。

滿懷憧憬踏上美國的土地，本以為迎向幸福，卻在一、兩週後，驚覺對方早已另結新歡。面對另一半的背叛，失望、生氣、傷心、無助等紛亂湧上心頭，她幾乎快不認識這個世界，但陌生的卻不是異鄉，而是原先承諾要與她共度一生的人。

哭泣過後，她不願被困在三角關係裡，也不想被負面情緒吞噬，決心結束，「我們本來就沒有深厚的感情基礎，與其糾結，不如放手，」這是她為自己選擇的尊嚴與自由。孤立無援之際，一位在美國初識的姐姐——Fumi，伸出援手，她的關懷讓杜綉珍不再感到那麼孤單，協助她處理完所有事情。

經歷了痛徹心扉，杜綉珍開始深刻反思一直以來所承載的那些標籤——乖女兒、醫生的女兒、成為醫師娘……她意識到，自己應該撕掉標籤，她要去探索，證明這個世界等著她去嘗試與冒險；證明自己可以做決定，為人生負責；她要遵循自己的意志、情感、思想，重新定義自己的人生，不再被外界賦予的角色所束縛與框限。

「好像貼在我身上的標籤，都能光明正大全部撕掉！曾經過不去的逆境，反而是一個讓我成長的契機。」

父母也改變了——原本為女兒千挑萬選的對象，最終卻讓她受傷。他們選擇讓杜綉珍自己決定未來的道路。然而，作為貼心的女兒，在無傷大雅的生活小事上，她依然會尊重父母的意見，「這種接受，不是心不甘情不願的妥協，而是欣然接納。」杜綉珍漸漸領悟到其中的平衡奧妙，自如的在規矩與自由、他人與自我之間轉換，那是一種悠遊境界，屬於她的優雅定義。

「說起來，要感謝當年那個人，讓她從框架中解脫，不然哪有我們？」涂子謙反而認為那是母親生命的逆境貴人。

他回憶起外婆的醫生娘生活，打高爾夫球、出國旅行、享受美食，充滿舒適和享受。他說：「能吃的、能喝的、能穿的、能玩的都很好，但生活的想像就是這樣而已。如果我媽繼續乖乖待在父母的期待裡，她的生命不會這麼豐富。」如果要涂子謙將媽媽的精神傳承給下一代，那會是什麼？

他不加思索：「她就是個冒險者！不怕從頭開始，可以捲土重來的精神，像拳擊手一樣，即使被打倒也會立刻站起來，對著人生說：再來！」

杜綉珍的覺醒，正是一位女性找到勇氣，成為自己生命主宰的過程。

她在社會定義好的框架裡活過，自挫折中汲取力量，重新定義自我，她的這段經歷證明，**一個人不能只是活著，而是要活出自己認同的意義**，唯有勇敢追隨內心，才能真正自我實現。

有時，生命需要我們透過探索，才能發現潛藏內心深處的自己。

而那個曾經心碎欲裂的創傷，癒合後，不過淡淡一筆，竟似暮霧，朦朧得連形狀都模糊。如今回首，恍然那場跌宕是蛻變的轉折，了悟從傷口裡長出來的是生命的翅膀，為了讓你凌空飛翔。

人在苦難中總會期待著魔法般的奇蹟，然而，**那位魔術師，其實一直都是你自己**。奇異恩典早就存在於你之內，並不需要不停地向外找尋——因為你就是宇宙，萬物連結中，不同時刻有不同的你，只需你去覺察、去感受。

平凡但最難——讓家人做自己

現在的杜綉珍最怕聽到有人被形容為：「你好乖哦！」她說，社會文化過於強調順從，總是讚美乖孩子，這樣會抹煞一個人的創造力與個性。教育應該是鼓勵孩子挑戰觀念，激發好奇心，讓他們發出自己的聲音，這才是正確的方向。

如果問杜綉珍認為自己最大成就為何？既不是經營企業，也不是那些突破紀錄的耀眼時刻，而是那份意味深長的「平凡」——讓先生與孩子都能夠做自己。這看似平凡，卻最難做到。

他們一家四口，每人都走在自己想要的人生道路上，長年分居四地，有距離還有時差。她在台灣，涂季冰在中國，涂子謙在英國，涂子訢在疫情後從上海搬回台北，但會到世界各地巡演。四人各是獨立個體，逢長假年節再相約世界的一處，全家團聚。

獨立自主的杜綉珍，在家中是賢妻良母。像是涂季冰需要泡腳促進血液循環，杜綉珍會細心地準備好熱水，等他泡完後再拿去倒掉。她總覺，自己因為對巨大集團的責任，無法陪伴在先生身邊，所以，只要先生回家，她能做的事都盡量去做。

涂季冰形容，自己夠幸福了，結婚四十四年來，被照顧無微不至，「她什麼都好，除了挺孩子，卻不挺我。」涂季冰想兩個兒子從商，繼承家業，但涂子謙與涂子訢，一個愛哲學，一個愛音樂。

杜綉珍雖然想，但尊重兩個兒子的志向，告訴他們：「你們要做什麼，我不在意，只要不欺騙、不傷人、不為非作歹，以及能夠養活自己。」

過來人的杜綉珍堅持孩子們有權利選擇自己的人生。「父母能保證孩子一生快樂嗎？如果不能，**為什麼非要孩子照著父母的期望，而非他們對自己的期待？**我真的覺得不要這樣，那是**孩子的人生，由他們自己負責**。」

涂子謙身為長子與長孫，又是資優生，從小便承載著父親與外公的厚望，然而，他很早就做出決定，不從商，也不成為醫生，選擇走哲學家的道路。

能夠實現這個夢想，全因杜綉珍的放手支持。他十八歲時，杜綉珍答應給他十年時間去追尋夢想，但也提醒他，如果到了二十八歲還沒有成績，就得回來工作，「這樣我也能對外公、外婆，以及你爸交待。」這是溫柔而堅定的尊重，為孩子爭取自由，也平衡家族期望。

從求學到博士畢業，再到求職成功，涂子謙的哲學之路跨越美國、法國、德國，最終落腳英國，這段歷程超過十年。如今，他已是英國大學的哲學系資深講師。

「我媽很前衛，從小就讓我學會獨立，把我當小大人，一直把我往外推。」涂子謙回憶，六、七歲時，全家出去吃飯，媽媽要他點菜，鼓勵他做決定，十歲後，便讓他獨自搭飛機。有一次，在國外遇到轉機問題，當時不到十三歲的他是全場唯一會說英文的華人，幫助同班機的台灣乘客與航空公司協調權益，最終順利返回台北。降落後，每個大人都走過來感謝他。

小兒子涂子訢雖然是一名音樂人，但對全球商業模式十分了解。父親希望他能從商，所以他曾在昆山工作，還創立了專門製作單速車輪框的品牌 H PLUS SON，在業界闖出名號，至今仍穩定營運。他坦言，自己一開始做生意是為了對父親交差，這樣才能有時間專注於音樂創作。後來，反而是從父母身上學到的商業與財務思維，讓他有底氣去開展音樂事業，也因為懂商業運作，也才有能力協助其他有才華的音樂人。

「我媽從不嘮叨，讓我們發展自己的興趣，但也要我們認識金錢的價值。」涂子訢眼中的母親能妥善處理所有事，既有責任感又非常細心，「我爸超級幸運，什麼都不用管，只需做好自己的事業；我媽對小孩也是，總是怕麻煩我們，這點跟外婆一樣。」他嘆口氣，再道：「我不知道這是好，還是不好？」

就像二〇一六年，杜綉珍經歷生死危機，仍不想家人為她改變行程。

那一年，她為了參加鐵人三項比賽，按部就班鍛鍊游泳。某天在泳池時，突然感到一股如刀劈般的劇痛襲向後背，像是有一把利刃深深刺進身體，撕裂般疼痛感瞬間席捲全身，直覺告訴她情況不妙，立刻從水中爬上來，忍著劇痛，打給住在附近的同事溫絜如：「妳在家嗎？我心臟不太舒服，可能要麻煩妳送我去醫院。」聲音因極力壓抑著痛楚，微微發顫，仍難掩對打擾他人的歉意。

當時，溫絜如和先生在附近餐廳用餐，餐廳恰好位於她和杜綉珍家的中間。溫絜如與先生分頭行動，自己先趕去杜綉珍家，先生則回家取車再開來會合。起初，杜綉珍不知事態嚴重，請他們將她送往最近的林新醫院。

抵達醫院急診後，醫師一開始找不到病因，直到做了MRI（核磁共振），才診斷出是主動脈剝離，必須立即住院。主動脈剝離患者發病後，若不處理，百分之五十的病人在四十八小時內會死亡，治療如同與時間賽跑[1]。醫院隨即開出病危通知單，請溫絮如簽名，當醫師詢問她與患者關係，她正準備回答是下屬時，杜綉珍開口道：「她是我朋友。」溫絮如心頭閃過一陣暖意：「她都那麼痛了，還顧及我的感受。」

收下病危通知單後，溫絮如的神經早已繃緊，壓低聲音：「我可以用妳的手機打給涂董嗎？至少讓他知道妳的狀況。」杜綉珍卻告訴她，涂季冰明天在台北已預約看病，等他跟涂子訢回到台中再說。在溫絮如勸說之下，杜綉珍才同意她通知家人，說明情況。

「不用趕回來，我已經在林新醫院了，有醫護人員在，別擔心！」杜綉珍對電話那頭的小兒子說著。站在一旁的溫絮如心中滿是心疼，醫師都開出病危通知了，她還那麼不想麻煩人。

---

1 主動脈剝離是一種致命性高的心血管疾病，起因於主動脈中層受損，伴隨內膜破裂，血流進入血管壁內，形成「假腔」。假腔可能壓迫真腔，導致身體血液供應不足，造成死亡。急性主動脈剝離若不及時治療，四十八小時內的死亡率達百分之五十，診斷和治療需爭分奪秒。

掛斷電話後，杜綉珍滿懷歉意向溫絮如夫妻道謝：「耽誤你們這麼多時間，真是不好意思，趕快回家休息吧。」溫絮如清楚杜綉珍一貫的堅強，但也不放心她一人待在醫院，於是折衷：「我們等涂董到醫院再走。」凌晨三、四點，趕不上國光客運的父子兩人，從台北搭計程車終於回到台中。

第二天，劉金標聽到消息，緊急安排她轉送中醫大附醫（中國醫藥大學附設醫院）後，醫生又開出第二張病危通知，經歷兩星期住院治療，杜綉珍順利康復。她開玩笑對涂季冰說：「你收到兩張病危通知單，還沒換成老婆！」

二〇一七年，她重拾訓練，完成被中斷的個人三鐵挑戰。

這就是杜綉珍，盡力去完成目標，包含人生。「我們只會活一次。若不努力，不是太對不起自己了！為何不把每天當作最後一刻來活？」

別讓你的人生只有一個選項

涂子訢的英國視覺藝術家朋友Kim跟他說：「你媽媽很害怕失去她的所有。」杜綉珍對此不置可否，由於童年家境辛苦，她一向具有危機意識，始終認為人無遠慮，必有近憂。她解釋：「其實就是害人之心不可有，但防人之心不可無。」因此，她總會預先評判可能性，思考風險與最糟結果，制定Plan A、Plan B，甚至Plan C和Plan D的不同預備方案。這或許是那位英國藝術家認為她害怕失去的原因。

然而，更貼切的說，杜綉珍的危機意識並不是太害怕失去一切，而是認為人生要有選擇的自由。

「你的人生一定要能夠有所選擇！」她常說，一個人最悲哀的，是被人逼到牆角，完全沒得選擇，只能接受，「別陷入你只能有一個選項的地步。」

杜綉珍收藏了許多水晶杯。有天，打掃的人不小心打破，拍照傳給她，表示要賠償。她笑著回應：「不用了！我很感謝你們願意清洗水晶杯，畢竟你們可以選擇不洗，也就不會有打破的風險。」

這也讓她領悟到「水晶杯」哲學——一種正向與風險的平衡。

正向事物往往帶來積極的體驗，如成就、快樂或滿足，想要獲得這些，通常伴隨著一定的風險或代價，就像水晶杯精美但易碎，想享受美好，也要願意承擔破碎的風險。「水晶杯打破了，你還有其他水晶杯，或有能力再買，所以，你的人生不能只有一個選項，」杜綉珍說，人生應該做好準備，包括妥善規劃遺產，避免後代因爭產而感情破裂。

「我會提前規劃好每個階段，並且準備備案。」她強調，這樣才能掌控自己，不被環境左右，無論遇到什麼挑戰，都能坦然面對，「我的座右銘是盡人事，聽天命。」

最重要的前提是，凡事盡己之力。她曾經受邀到美國自行車大會演講。這對她而言並不容易，她說自己的英文比不上國外留學的年輕同事，「但，這是台灣難得的機會，我為什麼不抓住它？」

在自行車產業，台灣製造實力聞名全球，卻一直缺乏發言權，那次國際年會罕見邀請一位台灣人演講，這不僅是個人榮耀，更能為台灣發聲，讓被忽視的亞洲聲音登上國際舞台，「既然有這個機會，我就接受挑戰，盡力做到最好。」

杜綉珍反對隱含坐等老去心態的「呷百二」民間俗語，認為人應該活到最後都保持活力。對她來說，要把錢花在培養眼界上，「當眼界開闊了，心胸自然更加寬大。」

她是台灣第一位訂製 LV 高級訂製服的人，「如果我有能力讓自己開心，為什麼不？每個人都要找到以及愛上讓自己快樂的方式。」

杜綉珍心裡有個遺憾，關於像親姐妹一樣要好的高中死黨洪正娟。

洪正娟既漂亮又聰明，杜綉珍一直覺得她擁有比別人更好的外表條件。雖然聯考失利，只考上實踐服裝設計系，但仍然可以有所成就，然而，洪正娟的志向並不在此。「我那時對阿娟的要求太苛刻了！」之後，她的先生做生意失敗，洪正娟開始避開杜綉珍。直到後來，洪正娟罹患癌症，生命即將走到盡頭，才重新與杜綉珍聯絡。

因此，近十年，杜綉珍特別重視友誼，大家一起活得開心！她們會固定聚會，出遊玩樂。

疫情期間，台中金錢豹轉型為KTV，她靈機一動，號召了一群女性朋友組織一場別開生面的「嬌媚美麗」派對。當天，她們都盛裝出席，穿著精緻的旗袍或禮服，化上濃妝，讓整個包廂瀰漫著華麗與歡樂的氛圍。伴隨著音樂，燈光閃耀，舉著香檳，笑聲不絕於耳。大家盡情歌唱、跳舞，放開自我，打破聲色場所的刻板印象。

「這不是我們平常能進來的地方，既然有這個機會，女生為什麼不來體驗非比尋常的派對呢？」觥籌交錯的歡樂中，她們盡情擺動身體，猶如舞台上的明星一般，這場派對不僅是一次狂歡，更像是一場對生命態度的宣言——女生的快樂，其實很簡單。

杜綉珍有一雙二十五歲時在日本買的短靴，到了七十五歲依然能穿。對她而言，年齡從來不是重點，正如那雙短靴所象徵的，真正的關鍵是永遠保有一顆能輕盈前行、敢出走冒險的心。

有句名言是：「我們不會因為變老而停止玩耍，但變老是因為我們停止玩耍。」你必須親身去體驗，去生活，愛上讓自己快樂的方式，自始至終，生命引導你的是前進的方向，那些命運的路徑，從來都是由人一步步走出來的。

因而，無論年紀，你對生命都要懷有嚮往，而不是就這樣出生老去。

GIANT
Relax your life ....

Inspire
轉變與突破

在巨大的大甲辦公室，有一座會「激發靈感」的魔法樓梯。當時杜綉珍的辦公室在二樓，而重要會議通常都在劉金標所在的六樓進行。會議前，若是心中還沒有定案，只要踏上這座樓梯，總是能讓杜綉珍釐清思緒，找到最佳方案，再難的事情都能解決。

巨大初期。1972 年劉金標創辦巨大機械，當時的主要業務是為世界自行車大廠進行代工生產。上圖前排左到右分別是杜綉珍、劉金標以及杜劉月嬌。後排由左到右則是初創時期的另外四位股東卓文川、羅祥安、邱燦坤、王深漢，與監察人何義明（後排中間）。

1991 年杜綉珍二進巨大，首要任務就是推動股票上市。下圖為 1994 年巨大集團在圓山飯店召開上市記者會。

接班掌舵。2017 年杜綉珍接班成為董事長，杜綉珍左胸上的「Giant 白金別針」，是 1990 年杜劉月嬌親自畫圖，再請珠寶行打版製作的飾品。在巨大集團裡，表現傑出、有特別貢獻的員工，都曾收到這份限量的禮物，這是杜劉月嬌獨有的待人之道，是她對員工的肯定與支持。

下圖為巨大集團 50 周年紀念活動，左起分別是杜綉珍與創辦人劉金標、執行長劉湧昌、巨大集團前執行長羅祥安。

第三部

Beyond Challenges

貼地飛翔
超越界限的能力

尼采說，人是橋梁，不是終點；
愛默生用超驗主義回應——偉大源於打破常規，
你要到沒有路的地方闢出路徑。
瑪格麗特·愛特伍輕笑提醒：末世男女啊，何必憂慮？
現實不過是繾綣夢境，我們都是醒來的生靈。

華茲渥斯說，人像孤獨漫遊的一朵雲，
威廉·布萊克則默語：一沙一世界，剎那即永恆。
神祕的魯米呼喊宇宙是合一——走出去！生命不能滿足待在邊界裡，
在無限中，我們能夠看見自己。

昨日的我想改變世界，今日的我有了智慧，決定先改變自己。
捨棄限制——指尖奏響隨機的變奏曲，
重塑思維——我們都是未完成的交響曲，
隨時，可重新編曲，繼續前行！

Stage

7

Beyond Boundaries
走出去！在無限中看見自己

當世界轉變，為了迎向未來，
我唯一能做的是不複製過去，
也絕對不去做沒有把握的事。

我們身處一個什麼樣的時代？

「全球化已死！」台積電創辦人張忠謀屢次提醒。

「與其說全球化已死，不如說WTO已經名存實亡，」陳文茜在她的著作《消失的愛：逆轉我們的時代》如是說。

何時是開端？自二〇一七年，川普開打中美貿易戰之後。

到二〇二四年的八年之間，全球秩序轉向保護主義，世界發生了英國脫歐、俄烏戰爭、以色列與真主黨衝突——以哈、以黎、以伊之戰……無論是為了經濟利益，還是世仇的領土主權，一切衝突源於「疆界」，裂變了經濟組織與和平締約，徹底改寫商業規則——我們進入了一個逆全球化的時代。

之於杜綉珍，這八年也是最為磨練心智的時期——她成為集團掌舵者。二〇一七年與劉湧昌雙雙接任新職務，她接班巨大集團董事長，劉湧昌接任執行長。劉湧昌是創辦人劉金標之子，也是杜綉珍的表弟，早年就被集團派到大陸，從無到有，開創捷安特中國的市場。

劉金標一直被視作台灣自行車產業的傳奇，自傳奇手中接班，可想而知壓力有多巨大，然而，甫登上這個「巨大」的舞台，迎面而來的卻是颶風級挑戰。

三個全球經濟的颶風前後撲來，重擊集團在中國與歐美市場。

第一場是如龍捲風般的中國共享單車旋風，它在二〇一五年崛起，二〇一七時攀上市場高峰，捲落了約七成銷售市場，讓傳統自行車市場處於前所未有低迷，直至共享單車因亂象崩盤，才在二〇一九年回穩。世界的東方遭擊，西方的歐盟與美國也發動制裁中國產品的反傾銷稅與貿易戰。

第二場是從歐盟來的冰風暴。二〇一八年，歐盟對中國 E-Bike 課徵反傾銷、反補貼稅，當時歐盟關稅為百分之六，加上反傾銷稅，合起來稅率超過百分之八十五點三，等於凍結了中國 E-Bike 出口到歐盟之路。

第三場是像烈焰焚風的中美貿易戰，二〇一八年開打，至今如火如荼。美國認定只要車架在中國生產，就是中國產品，關稅直接加徵百分之二十五，中美的對立演變成世界僵局，當衝突愈演愈烈，壁壘也只會愈築愈高。

巨大當年在全球共有七座工廠，其中，在中國有昆山廠（兩個自行車廠、一個電動輔助自行車廠）、天津廠和成都廠等五座工廠，瓦解了過去二十年以中國生產供應全球市場的成功方程式，中國製造如同八〇年代末期，由朝日走到暮日的日本製造，面臨相似困局。

無疑的，這三場全球經濟颶風揭示了一個不爭的事實——過去無法重來，未來急速翻轉——所有依賴中國製造的產業被迫重新思考生存之道。

「一個中國『凸』全世界的時代已經過去了！」杜綉珍必須帶著巨大團隊放眼全球策略布局，在詭譎多變的不確定中找到穩固的立足點。嚴格說起來，她是有國際視野與創新思維的，從一九九一年回到巨大工作，加上居住新加坡的那七年，人生超過一半時間浸淫於國際世界。

她擔任集團執行副總兼財務長時，長年來回總部與捷安特海外子公司，飛到都熟悉全球各機場的休息室，若遇上需要等待數小時，還發展出一套洗澡加全身保養的轉機儀式感，讓自己在出差行程裡苦中作樂，「我是很會過日子的人。」所以，她也跟接任的財務長王碧瑜說：「財務長不能只是坐在總部辦公室看報表，要到全球的子公司去看，數字才有意義。」王碧瑜花了好長一段時間，走訪巨大在海外的公司，「Bonnie的思維真的很不一樣。」

走出困局，得往外走，打破疆界，才有機會力挽狂瀾。

巨大有兩條路可選，一是逐水草而居，像一九九二年西進大陸，將生產基地遷往人力與土地更低廉的印尼、越南……等國家。「以前去中國，現在是東南亞，下一步呢？非洲嗎？」杜綉珍思索，不管移到哪裡，都會面臨關稅、反傾銷稅，歸根究柢，企業無法再依靠具成本優勢的單一世界工廠來供應全球市場，應該釜底抽薪，尋求能夠徹底進化競爭力的模式。

加上，比起三十年前，巨大集團也不可同日而語，已經是製造、品牌與研發三種核心價值齊備的全球自行車集團。她認為，這一次的全球化策略要由成本思維轉成價值思維，「製造」既然是巨大核心命脈，就要跨越地理界限，不能再以低成本國家生產為主要策略，而是從創造價值出發。

用短鏈革命，打破壁壘疆界

價值，來自於貼近市場消費者。她要巨大人丟掉製造觀點的包袱，從品牌觀點思考巨大的新全球化策略。

「消費者在哪，工廠就到哪，用短鏈供應當地。」杜綉珍選擇第二條路——布局全球區域製造中心，讓工廠走出去。縮短供應鏈的好處是，拉近前端的研發與後端的消費者的距離，能更有彈性、更快速回應市場需求。這也符合全球消費者愈來愈個性化，喜歡獨特性、客製化、即時滿足的趨勢。

向外走的首站是歐洲，因為這裡向來是全球最重要的高階自行車市場。危機時，她反而大膽決策投資，拍板定案在歐洲的中心匈牙利建置新廠，在荷蘭成立涵蓋物流、倉儲、售後維修等服務的全自動化物流中心。

選擇匈牙利，因為它是連接東歐和西歐的重要樞紐，企業所得稅相對優惠，營運成本也相較西歐有優勢，再加上完善的運輸網絡，能通達歐洲內陸。匈牙利廠啟用後，解決了荷蘭廠產能滿載的問題，整車生產亦無需依賴亞洲工廠，成為名符其實的歐洲製造。荷蘭本就是歐洲的門戶，把國際物流基地設於此，還能與原先的歐洲總部、荷蘭廠、財務投資公司以及荷蘭分公司共創綜效，結合製造優勢、智慧物流與在地零售網絡，拓展歐洲消費者的服務體驗。

尤其是增長迅速的電動輔助自行車市場，二〇一七年開始，成為巨大的第二成長曲線。「當二〇一七、一八年中國市場慘淡時，幸好西邊亮了，」杜綉珍口中讓西邊發亮的正是 E-Bike 在歐洲的崛起。

一場大疫讓歐盟意識到，E-Bike 運動節能減碳之外，也達到健康促進，降低國家醫療支出，是 ESG 趨勢和超高齡社會的有效解方。因而，歐洲各國政府在疫後積極增設自行車道，相繼推出補助，鼓勵民眾購買與騎乘 E-Bike。

不過，在 E-Bike 市場，巨大面對的是跨產業競爭，不少科技大廠看中這塊新興崛起的健康與運動商機，紛紛進軍，市場競爭激烈。「如果只是開發一台自行車供消費者騎行，產品與品牌之間連結不足，消費者不會因此而感動。」因而，她選擇在歐洲完整布局，不只是逆全球化時代的「當地製造」策略，也是協助集團「當地連結」消費者，提高品牌價值，進一步創造未來優勢。

雖然，Giant 在全球市佔率屬一屬二，由於過去多半給外界物超所值的印象，面對國際與跨界競爭者，還需要把製造優勢轉化為更高附加價值的服務體驗，才能深化品牌價值鏈。而要深化，需要懂當地市場消費者的生活形態與內心渴望，「所以，要用同理心擁抱消費者，當他們充分感受到品牌的真誠與價值，就能產生情感共鳴，」這是杜綉珍從創辦 Liv 中學習到的。

換言之，品牌愈國際，服務卻要愈在地，不僅是即時製造，更要即時服務，品牌價值鏈才有無限延伸的可能。

低谷時，勇敢走出去，杜綉珍帶著集團挺過營收與股價創低的艱難時刻。就如騎車時，費勁的上坡最能鍛練實力，拉開與對手的距離。她坦言，接班董事長的前四年，擔心稍有不慎會使集團無法突破難關，隨時戰戰兢兢，「我們只能默默做，人家說我們笨，我們就回去檢討；笨鳥可以慢慢飛，只要堅持，總能飛到目的地。」

就像她第一次騎武嶺，堅持「補考」也要騎完全程。那一次，其他人已經抵達山頂，只有杜綉珍還在路上，於是她先搭車上去拍合照，再回去繼續騎，武嶺在中午過後會起濃霧，「騎到最後，我已經分不清臉上是霧雨還是淚水了。」

決策最佳解：選擇長期觀點

風積厚才能承大翼，水深厚則能渡大舟，在逆境中，更需要著眼長遠，擁有足夠的積累，才能扶搖而上，振翅翱翔。這也是許多經營者在接班過程中失敗的原因，特別是依靠技術創新優勢的企業，若因大環境逆風不持續創新，往往是競爭力走下坡的開端。

杜綉珍先是成為巨大股東與董事，而後成為經營者，如何在所有權與經營權之間尋求平衡？「其實很簡單，你只需要考慮什麼對公司是最好的。只要心中無我，幫公司做最好的決定其實不難，」她領悟到，只要選擇對企業有利的方向，所有權人也將是最大的受益者。

她也曾經在兩者角色之間混淆。一九九一年重返公司時，為了讓團隊更容易接受她，刻意讓自己看起來像被僱用的專業經理人，隨著時間推移，她逐漸意識到：「我還是得從owner（所有權人）角度去思考決策。」

應該優先選擇長期決策還是短期決策？杜綉珍指出，如果公司當前處於生死攸關的階段，短期決策無疑重要，但只要公司還具備生存能力，選擇對長期發展有利的決策會帶來更好的結果，「即使短期內會對個人有所影響，根據我的經驗，長期決策還是最佳解。」

作為財務長（CFO）時，她不會受制於短期觀點的財務利潤（Finance），更傾向選擇有利於集團創造未來（Future）的長期觀點來作決策，「財務長的角色是協助公司實現成長，」因而，不僅是管理財務數字，而是支持每一項關鍵決策，讓企業在全球市場立於不敗之地。

像是一九九二年在中國設廠、一九九六年到荷蘭設廠，這些對當時的捷安特而言，都是巨額的資本支出，她每次都不遺餘力籌措資金，深知這些投資是品牌邁向國際化的重要一步。「Bonnie不是傳統的財務長、董事長，我不會把她視作一位女性領導者，從她身上，我看見跟那些傑出男性領導者一樣的遠見，」曾在上市科技集團、全球知名運動品牌任職高階主管的王碧瑜如此定義。

正所謂小知不及大知，小年不及大年，春生夏死、夏生秋死的寒蟬難以明白一年光陰，若想放大自己的格局，需要修鍊能看向長遠的眼光。

比起一般專業經理人，杜綉珍對創新有著更深的堅持，「研發、製造、品牌，是企業三大核心價值，缺一不可。」景氣低迷時，也儘量不削減研發費用，因為明白短視近利，只會損害未來的成長動力。

這一點巨大集團研發長張盛昌感受最為深刻。有一年，公司因營運績效不如預期，決定縮減明年整體預算，他心想恐怕也影響研發經費，忐忑請教杜綉珍，她卻出乎意料反問他：「我如果刪減你的預算，你就沒事做，公司也沒有未來了，我為什麼要做這種吃力不討好的事？」

不僅如此，杜綉珍深刻認知到專利權重要性，並堅持聘請專業的法律團隊來保護公司創新成果。

堅持的起因可以追溯二十年前。當時，因專利權疑慮，張盛昌與她前往美國，與一家質疑巨大侵權的企業進行協商談判。雙方就技術細節展開辯論，隨著談話愈趨深入，對方公司的老闆態度卻逐漸軟化，會議結束時由衷讚美：「貴公司根本不需要我們的授權與協商，你們對我們系統的理解比我自己的研發主管還深入！」

這番話既是對集團研發實力的肯定，也讓杜綉珍強烈意識到法務支持的重要性，有感而發對張盛昌說：「回去後，我要做的第一件事，就是幫你們招聘法務，為研發團隊提供堅實後盾，我們的研發人員就不用再肩負這些額外的法律壓力。」

在外演講分享，她時常提醒創業者和新創公司，及早註冊專利是保護創新成果的關鍵，才能保持競爭優勢。因為，巨大曾對研發成果的保護不夠嚴謹而吃了大虧。

大約在二〇一四年，公司收到來自美國 OEM（代工生產）客戶的抱怨，被指控侵犯「Flat Foot Technology」專利，諷刺的是，這項技術其實是巨大在二〇〇四年的創新。提出訴訟的對方曾以第三方供應商的身分參加巨大內部展示會，然後搶先在美國註冊專利，回過頭以此提起侵權。自此之後，巨大禁止第三方供應商參與內部會議。

這個事件也讓杜綉珍痛切警覺，若要保護公司創新成果，巨大需要有自己的智財權團隊，確保創新成果在國際上不受威脅，無後顧之憂推進全球。法務長高培桓永遠記得，杜綉珍跟他說的一句話：「你來這裡是為了幫助我們建立可以處理全球法律事務的團隊。」

也因為她對IP（智慧財產）的重視，並積極為集團建立法律團隊，巨大在創新過程中所開發出的多項技術都有專利權，還因而成就了一個新品牌——二〇一九年，集團創立以碳纖維技術為基礎的高端自行車零件品牌CADEX。

CADEX品牌是集團進軍高端市場的先行者[1]，除了滿足市場對高端零組件的需求，也肩負著另一項重要使命——讓消費者直觀感受到Giant品牌在創新方面的深厚實力，象徵更高價值的品牌選擇，「想打破消費者

1 除了CADEX，若加上Giant、Liv，以及主打城市休閒通勤的Momentum，集團擁有四個定位清晰的品牌，各自滿足不同消費需求。「Momentum」品牌過去主要市場是中國大陸與台灣，二〇二〇年開始進入歐美，推出電動輔助自行車與一般自行車新產品。

對捷安特CP值（性價比）高的刻板印象，」杜綉珍說。

能取能捨，為未來蓄勢

張盛昌形容，杜綉珍是巨大的傳承與創新，「IT（資訊科技）的大投資都是Bonnie堅持要做的。」他舉例，集團一直想導入數位化平台SAP ERP（企業資源規劃），卻遲遲未決，杜綉珍上任後，當眾宣示導入的決心：「若失敗了，我辭職負責！」二〇一八年，巨大從總部起步，再擴展至海外公司，整合跨國據點的生產與營運資訊，以便進行大數據分析和預測回饋[2]。

除了二〇一六年動工的中科巨大全球營運總部、自行車文化探索館是承續項目，她啟動多項關乎未來的投資。例如，在台中大甲幼獅工業區設立國際物流中心、台灣廠全面升級，兩個基地均整合機械手臂與軟體系統，實現自動化製造、倉儲與物流。

在她的全球布局策略裡，中國和歐洲作為區域製造中心，供應當地市場，台灣則是研發基地，建立數位化能力，包含建立可快速複製至全球各工廠的短鏈供應與智慧製造模組，使巨大能從傳統製造業的品牌轉型為智慧創造的領導者，「我們也不會錯過AI（人工智慧）科技，」她肯定的說。

「一家公司若沒有創新，是無法生存的。」杜綉珍從執行副總兼財務長一路走到董事長，始終將創新放在首位，更比其他人積極推動，一連串投資布局無不經過全盤思考與謹慎評估，「我絕對不去做沒有把握的事。」

從過去到現在，她總是在尋找能讓集團變得更好的方法，還會主動參加研習課程，像是Google總部數位訓練營、GE學院……等數位轉型或領

2 ERP導入極具挑戰，其成功與否影響著企業的營運效率和競爭力，可以協助企業即時管理、提升效率，取得商業洞察，以利更有效的決策，建立差異化優勢。ERP導入成敗關鍵在於執行力，但由於ERP需要對既有流程進行合理化與標準化調整與建構，直接挑戰組織流程與作業習慣，易遭致員工抗拒變革的反對聲浪，執行力因而無法貫徹。許多企業導入失敗，甚至更換ERP系統仍未達效果，就是因為內部阻力過大。

導相關課程。只要她認為這是公司未來發展所需要的領域，她就會像塊海綿吸收。

在公司，有不少人戲稱：「Bonnie 還有什麼不管的？」

「我就是 Trouble maker（麻煩製造者）！」她笑道。

創立 Liv 品牌便是一例——走一條沒人走過的路，不斷「自找麻煩」，成為 Rule maker（規則制訂者），為業界創造新的標準。就像不氣餒數次遊說 Shimano 為女性設計煞車把手，利用新品發表會的機會，當場邀請專業車手和媒體、KOL（意見領袖）跟她一起簽署請願書……有趣的是，近年無論是男性還是女性自行車，都開始使用更易於操控的小型煞車把手，「這是 Liv 對自行車行業的貢獻之一，」杜綉珍說。

勇於大筆投資，也要敢斷尾求生。二〇一七年、接班的那一年，集團受中國共享單車風暴影響，營收降至新台幣五百五十二億元，為了止跌，她在二〇一八年關閉成都廠。考慮的過程中，很多人勸她不要關，因為自一九七二年成立以來，巨大從未關過一間工廠。

「他們說關廠很難聽，但能取也要能捨，沒有效益就應該結束，」杜綉珍說，關廠不代表要放棄市場，事實上，中國內需市場低迷那幾年，巨大仍持續深耕高階自行車市場，「一七、一八年時，Young（劉湧昌）一個月至少有十天在中國。」因而，當中國共享單車泡沫化後，傳統自行車由谷底回升，恢復生機，高單價自行車也呈現成長態勢，巨大更具品牌的優勢競爭力。

雖然，沒有預測未來的水晶球，也無法知曉幸運何時降臨，但身處低谷，她懂得為未來蓄勢，以長遠眼光布局，靈活取捨，強化全球供應鏈的韌性。

不複製過去，重塑思維

苦熬四年，二〇二〇年的全球疫情引爆自行車需求，「從SARS經驗，我們知道市場會Boom（蓬勃發展）！」

巨大作為全球唯一有全供應鏈的業者，對市場動向有極高敏銳度，當業界在取消訂單與放無薪假時，巨大卻及早下單備料關鍵零組件。加上，之前在逆風時刻的布局——大甲廠升級智慧化產線、幼獅國際物流中心，以及歐洲匈牙利廠、荷蘭國際物流中心的助力，巨大那時在全球共有八座生產基地，全面提高生產效率，相比過去，更能靈活應對貿易戰及傾銷稅，牢牢把握住這個百年一遇的商機。

集團營收隨之跳躍增長：二〇二〇年約七百億元，二〇二一年突破八百億元，二〇二二年攀升至九百二十億元。即使二〇二三年，疫後需求回復正常，訂單受供應鏈消化庫存的影響，整體營收仍近七百七十億元，相較二〇一五年之前的六百多億，穩健提升營收基數。

二〇二二年，巨大投資越南廠，將觸角延伸到東南亞市場——這個決策不是低成本與政策補貼的考量，而是東南亞國家對全球經濟的重要性與日俱增，它們透過區域貿易協定，在全球的經濟地位愈發舉足輕重。

首站選擇越南，除了出口美國免關稅，也因為它是區域全面經濟夥伴協定（RCEP）的成員國，還扮演區域貿易的關鍵要角，根據歐盟與越南簽訂的自由貿易協定（EVFTA），二〇二五年開始，越南出口到歐盟的自行車產品享有免關稅待遇[3]。

就連本地市場效應的定義也該改變，「以前會說中國是台灣品牌的

3 歐盟—越南自由貿易協定（EVFTA）涵蓋貨物和服務貿易，目標為減少非關稅壁壘、強化知識產權保護、開放公共採購及協調電子商務。根據協定，歐盟與越南之間有百分之九十九的貨物免徵關稅，其餘透過關稅配額部分減免。二〇二〇年協定生效後，歐盟立即取消約百分之七十越南出口產品關稅，其他在七年內取消；百分之六十五歐盟對越南出口產品的關稅即時取消，剩餘在十年內取消。

Home Market Effect（本地市場效應），現在應該把北亞的日本、韓國、中國、台灣視作一個整體市場。」

「當世界轉變，為了迎向未來，我唯一能做的就是不複製過去，」杜綉珍說。

而不複製過去的關鍵思維源於打破疆界，捨棄限制，重塑思維──這樣，自然會選擇看向遠方，闢出新的路徑。

正如美國思想家愛默生所言，拘泥於陳規的靈魂無法成就偉業，那些無法適應變局的企業將面臨淘汰，而前瞻性企業則開始尋找新路，主動創造機遇，擁抱一個更加靈活、去中心化和數位化的未來。

企業如此，人生亦如此。

Stage 8

Beyond Limits 記得給別人一個表演舞台

把餅做大，比斤斤計較還重要。
我的想像是，未來的巨大要很有包容力。

在巨大五十週年時，杜綉珍期許未來五十年的巨大。

「我想像中的巨大是一個擁有高度包容力的企業，能夠多元共融，尊重不同文化與價值觀。」這也是她心目中對全球化企業的定義，「唯有具備包容力，才能稱之為真正的Global，這就是我對未來巨大的期許。」

她對這種多元共融的理解，深受她喜愛的西班牙格拉納達大教堂啟發。這座大教堂的原址曾是清真寺，見證了基督教與伊斯蘭文化的碰撞，建築風格融合了哥德式、文藝復興式和巴洛克式，成為文化交融的典範，也象徵不同文化的碰撞不應該被視為分歧的根源，而是一種豐富的力量。有趣的是，因應逆全球化，巨大在全球生產基地不減反增，管理模式也朝向更包容多元。

到二〇二四年，巨大集團的業務已遍及全球八十多個國家，擁有十四家銷售公司、超過一萬個零售夥伴，以及九座全球工廠。

杜綉珍常被問到，如何做好全球管理？

「我們在某些國家或地區採取集中管理，有些則是分散式管理，因為各國消費者的偏好和思維方式大不相同，」她舉例，像美國的銷售方式就不適用於中國或日本的顧客，「但有一點是清楚的，所有的後台營運都可以集中化管理，」這也是她為何堅持導入 ERP 的原因之一。

然而，對杜綉珍來說，比起這些數字，更重要的是巨大集團能否成為一個從研發、製造、通路到零售全方位融入ESG理念的企業，並以此為基礎，構建完整的自行車生態圈。

早在幾年前，巨大就以消費者為核心，結合自行車科學領域，囊括消費者所需的各種功能與體驗，如針對不同天氣情境，設計相應解決方案，也開發能夠監控生理訊號與騎行紀錄的智能技術，讓騎乘者能夠掌握自身狀況和騎行數據，管理健康與運動效率，打造智能自行車與電動輔助自行車生態圈。二〇二四年，再完成美國商用室內自行車知名品牌Stages的收購，擴展集團在室內騎乘領域的布局。自此，全面打開跨領域的線上與線下、跨空間的室內加室外的全方位騎行體驗。

這是未來——用同理心奔向消費者的未來——也是杜綉珍期待的，捷安特從過去被外界認知的高CP值轉型為高CX（Customer Experience客戶體驗）的體驗價值。

「當初這只是一門生意，沒想到二〇二〇年後，減碳成了全球應對極端氣候的重要行動，自行車的本質就是減碳，」在她看來，數位轉型只是第一步，接下來的挑戰是邁向 ESG 時代的永續發展，從創新低碳生活、價值循環轉型與多元共融三大面向著手，力求為企業創造更深層的社會與環境價值，走出一條真正可持續的道路。

例如，在創新低碳生活和價值循環轉型上，除了落實綠色生產，更致力於讓消費者感受到產品的長期價值——一輛使用年限更長的自行車。這種策略不僅在商業營收與環境永續之間取得平衡，也藉由更高品質的製造、更好的單車保養服務，延長產品生命週期。

為了進一步加強產品的循環再生，巨大早在數年前便啟動了二手車計劃，認證中古車，讓每輛自行車在生命週期內都能發揮最大價值，有效減少資源浪費。

另一方面，積極探索自行車在不同生活場景的應用，自行車租賃除了旅遊或 YouBike 之外，二〇二四年推出訂閱制服務，鼓勵更多人將騎行融入日常，讓低碳不是一時選擇，而是一種可持續的生活型態，為環境帶來長期正向影響。

讓全世界聽見台灣的聲音

杜綉珍一直有個心願，那就是讓全世界自行車業聽見台灣的聲音。長年在這個產業打拚，她感觸良多，台灣對全球自行車產業有著深遠的貢獻，「卻常被視作製造端的供應商（Supplier），甚至僅僅是賣家（Vendor）。」創立 Liv 後，她終於找到一個能夠讓這個小火苗發光的平台，因而，當決定要在歐洲設立匈牙利工廠後，她請法務長高培桓積極參與歐洲自行車產業公會聯合會（CONEBI）。

「為什麼要讓別人來決定我們的命運？如果別人不找我們，我們就要想辦法走出去！」這番話也反映了杜綉珍一貫的人生態度。她認為，台灣有全球自行車最長的產業價值鏈，從研發、製造、通路到消費者的每個環節都參與其中，「我們應該有資格在國際上發聲，參與產業規則的制定。」

經過數年耕耘，歐洲自行車產業公會聯合會的二十多個會員國逐漸了解巨大不僅是全球自行車製造商，更是肩負產業使命、扎根在地的全球品牌。二〇二三年，捷安特被選為歐洲自行車產業公會聯合會的理事，有了參與國際決策的機會，也是唯一的亞洲面孔。

「歐洲開始把我們當成自己人了，」高培桓一句話道盡這份歷經積累才獲得的國際認同感。他擁有豐富國際經驗，也曾在我國常駐 WTO 代表團工作，但想都沒想過，在法務長職涯裡有機會代表集團倡議全球產業規則。

他心裡知道，自己不只是巨大的代表，更象徵著台灣自行車產業，因而問杜綉珍：「我該怎麼做到最好？」

「很簡單，利他！把餅做大，比斤斤計較重要，」杜綉珍告訴他，作為理事，不是為了自己，而是站在產業的整體發展角度來看，「只要這樣做，自然擲地有聲，讓大家可以信服，影響力隨之而來。」在她的構想中，歐洲作為自行車產業發源地，是巨大尋找發聲平台的最佳起點，「這真的不容易，你必須持續努力、布局、發聲，最終才能達成倡議的目標。」

這條路，巨大走了逾五十年。

杜綉珍對歐洲懷有一份特殊的情感。她特別感念當年的捷安特歐洲財務長 Jaap Hamstra，不僅對捷安特在歐洲的發展功不可沒，更在美國子公司虧損的艱難歲月裡，協助她如何從全球財務觀點與國際準則平衡集團的損益，讓她受益匪淺。

還有一位，她至今銘感五內。當巨大集團在歐洲設立子公司時，杜綉珍向當時宏碁集團財務長彭錦彬請教。雖然兩人素昧謀面，彭錦彬仍毫不吝嗇分享寶貴經驗，讓她少走冤枉路，懷著感恩之情，杜綉珍面對請益的後輩，總是慷慨分享心得。

二〇二二年，杜綉珍、劉湧昌、美利達第二代曾崧柱及零件供應商共同創立自行車永續聯盟（BAS，Bicycling Alliance for Sustainability），積極構建共享、共榮的 ESG 生態系統，重現當年 A-Team 的合作典範。

這也象徵台灣自行車業邁向全新的永續模式——時代變革的新篇章。

永續，是一條必須走的路。

作為自行車業的 ESG 平台，BAS 首先推動循環經濟，目標是降低碳排放，並提升資源利用效率。聯盟成員共同承諾：每年減碳百分之三，二〇三〇年達成自行車減碳百分之二十五的目標。這是產業打造低碳價值鏈與永續生態圈的第一篇章。

當年，劉金標、羅祥安與美利達創辦人曾鼎煌各自打開工廠的大門，攜手台灣零件供應商成立 A-Team，從日本引入豐田式管理，推動供應鏈升級，成功將自行車產業根留台灣，奠定了在全球市場的領先地位——因為產業必須存續。

如今，第二代延續並擴大這份精神，創立BAS，將永續發展融入自行車產業。他們承襲A-Team的共創、共生與共好理念，推動更深層次的變革，產業鏈要邁向淨零碳排的新時代——因為地球必須永續。

「真的要做ESG，不能只是買綠電，」杜綉珍直言。巨大雖然早已著手減少碳排放，推動綠色生產，並透過創新驅動，逐步實踐ESG目標[1]。在她看來，這遠遠不夠，因為推動ESG發展需要團隊合作，而且不限於同業，更要跨界。

而BAS就像一支永續聯盟的車隊，彼此是志同道合的隊友，還能與不同的車隊聯盟，共同前進未來。「巨大集團的未來五十年，需要像騎自行車一樣，呼朋引伴，培養與他人合作的能力，來應對未來的挑戰。」

這樣的想法源於她的「騎車」領導學。她從這些年的經驗領悟到，騎行是一種建立團隊的最佳方式，能讓成員面對挑戰時互相支持，旅途中分享彼此的經歷與價值觀，車友之間會充滿「一夥人、一家人」的凝聚力。

「我有一個0528的車隊，」杜綉珍分享，車隊的名字是因為首騎在五月二十八日。那一次，他們從墾丁出發，經過滿州鄉、旭海草原、牡丹灣、壽卡、知本，一路到台東，入住她喜愛的台東椰子海岸民宿。所以，她常鼓勵主管帶著同仁騎行，還戲稱：「如果進了巨大，沒養成運動習慣，那才真的叫虧大了！」

成為擁抱變化的Change Maker

「即使我們不是最大的，但是，絕對與全世界自行車的未來發展密切相關，」杜綉珍回首五十多年，巨大從台中大甲的一家代工廠起家，將自行車製造做到最好，也因為最大代工客戶琵琶別抱，加速自創品牌之路，

1 巨大集團ESG願景是騎向淨好未來（Cycling for a Better Future），聚焦在氣候、循環與多元三大支柱，詳細可參考巨大永續報告書。

發展為全球自行車集團。

「我們是一家從四百萬小小的資本額起家的企業，在以前受限、惡劣的環境中，可以走上全球，並超過五十年，沒有道理我們不會更進步，不會更上一層樓。」

就像巨大的品牌使命——Raise The Bar，中文是創無止境，自行車是超過百年的交通工具，也是一項運動，可以永遠存在人類文明裡，但，卻沒有一家能夠永遠存在的自行車公司，「所以，巨大要更加堅韌，更有能力。」杜綉珍的辦公室裡，有一尊大甲媽祖的神像，每次祈求，她不求自己的益處，只是祈請媽祖賜予智慧，讓她能為集團做出最佳決策。

「她接任後，連續蓋了兩座工廠（匈牙利、越南）、兩個物流中心（荷蘭、台灣），還有導入SAP……都要花大錢的，她又有使命感，做了很多我們不敢做的事，壓力當然很大，不過，她很有韌性，決定要做的就會很堅持，」巨大集團製造長顏清鑫回想，二〇一七年到二〇二四年，集團經歷營收低谷到創下有史以來最高峰，全球供應鏈從疫時到疫後，由材料短缺到高庫存危機，「當供應鏈上的通路商、組裝廠和零件廠都堆滿庫存時，高庫存就像高血壓，讓人心梗、腦梗，資金無法流動，又遇到通膨，庫存代表資金成本啊！」

在產業消化高庫存的過程中，還引發外界誤解風波的「四十五天之亂」，這也為集團帶來了一堂溝通藝術的寶貴課程。

台灣自行車產業以凝聚力和人情味著稱，使供應鏈各方得以共度挑戰，因此，當下游客戶要求延緩付款，巨大代為通知供應商暫停出貨，並延票四十五天，共同分擔庫存壓力。然而，公告僅發布於供應商平台，意外引發媒體關注，暴露出溝通疏漏。杜綉珍回顧此事，認為巨大團隊應學習更謙和主動地與供應商協商，即便在高度凝聚的產業鏈中，也需細緻、周全的溝通策略。

顏清鑫從一九八六年就進巨大，全球的製造廠都歸他管理，因此，特別有感這八年的全球供應鏈巨變，也從未經歷過如此瘋狂的起伏波動，步步都是挑戰。

從二〇一七年中國共享單車風暴、二〇一八年中美貿易戰、歐盟反傾銷稅、二〇二〇年新冠疫情、二〇二二年俄烏戰爭、二〇二三年以哈戰爭……，二〇二四年川普贏得美國總統大選，他任期的美國將牽動著全球局勢，一個新的全球貿易和國際秩序已經產生，改寫一九九〇年後的自由貿易——由低關稅走向高關稅的保護主義。

無論如何，挑戰不會停止，可以確定的是，未來全球政經情勢只會持續擴大對企業營運的影響程度，地緣政治與經濟風險愈來愈高，因而，打造一個更永續的價值鏈，包含庫存生態系統，建立早期預警的領先指標比過往來得重要——如何預測不同的政經變化，並依據進行企業壓力測試，以便提早應對，也是未來顯學。

英文裡有個說法：礦坑裡的金絲雀（the canary in a coal mine）[2]，杜綉珍在集團長年扮演這個角色。不過，她可能會自嘲自己比較像烏鴉，預警的壞事都會成真。

有次，她在內部會議示警，某位全球知名品牌的 OEM 客戶有倒帳風險：「不要再放額度（先出貨後付款）給他們了！」但巨大集團是利潤中心制，尊重各機能長權責，由於這位 OEM 客戶實在有名，大家覺得不可能出問題，加上營收誘因，仍持續出貨……之後就如杜綉珍說的一樣，應收帳款成了收不回來的呆帳損失。

二〇二三年下半年到二〇二四年，自行車產業處在消化高庫存的階段。這是因為二〇二〇年新冠疫情讓需求激增，供應鏈出現短缺危機，疫

2 「礦坑裡的金絲雀」一詞源於早期煤礦業。當時礦工尚未有毒氣探測器，便帶上一隻對有毒氣體極敏感的金絲雀作為安全前哨。金絲雀一旦吸入微量有害氣體便可能死亡，礦工若見金絲雀異常，便知礦坑內氣體危險，提醒他們立即撤離，以免身陷險境。

情過後，供應商面對堆積如山的多餘庫存，不只發生在自行車業，其他消費性產業也是。

其實，早在二〇二二年中，杜綉珍便要求同仁通知客戶依照實際市場需求調整訂單，該抽單的就抽單，該減量就減量，這種未雨綢繆是為了讓供應鏈減緩全球庫存過剩的衝擊。這也是她從劉金標身上學到的利他思維：「客戶不成功，我們怎麼成功？」

作為集團的掌舵者，杜綉珍致力促成改變，挑戰現狀，推動創新，帶頭成為擁抱變化的「Change Maker（變革者）」，引領集團在全球巨變中邁向新的高度——那些願意主動變革的人，他們信奉成長心態，具有終身學習的精神。

鄭秋菊形容，杜綉珍願意學習的精神與態度比所有人更堅持，不但自律且自我要求極高，認為既然要做，就做到最好，「就連參加活動，Bonnie從不會只露個臉，拍個照就走，一定是騎完全程，盡她所能支持到底。」

杜綉珍說，成就是大家共同努力的結果，所以，一個人最忌因有了成就而變得傲慢自大，「人只有承認自己的不足，才能學習。」因此，她就像水平面永遠不會滿溢的海洋，凡事全力以赴，主動學習。

因為明白人類的本質在於從挑戰中蛻變，由超越限制中獲得體驗。正如尼采忠告的，成長雖苦，改變也苦，卻沒有什麼比停滯更令人痛苦了！

她謹記兩個兒子的提醒：「因為妳是獨生女，習慣聚光燈打在身上，在某些時刻，要給別人一個表演的舞台。」

隨著她創辦 Liv，再接任董事長的十多年，這句話的涵義更為深刻！做事，不遺餘力；做人，留出餘地，在某些時刻，為他人搭建舞台，讓每個人有機會展現自我，然後，奉上掌聲與集氣——公司的未來是員工，人才掌握著企業的未來。

這就是影響力領導的真諦。

Stage

9

Beyond Your Heart 你是未完成的交響曲

我一直希望有更多女性參與騎行，
因為我相信愈多女性騎行，
將為社會帶來更多正面影響力。

亞洲流行天后蔡依林曾形容自己是「地才」，並非天生才華橫溢，而是花費所有力氣才到達成功的這番話，讓杜綉珍深有共鳴。

「我也是靠著努力學習走到今天。」杜綉珍數了數，一生中遇上多位良師。其中，最重要的有三位。第一位是劉金標，從他身上，她學到了做人處事的思維，比如，利他、誠信、實踐中學習……；第二位是杜英宗，在她還很青澀時，他教會了她許多企業管理和財務方面的專業知識，並傳授給她一個受用無窮的觀念：「什麼是你最重要的優勢，把它看透，並盡可能善用與無限放大（capitalize）。」

地才，不怕跌倒，只怕無法精進。跌倒其實是一種邀請——讓我們進入翅膀尚未長硬，羽翼還待豐滿的成長期。

成為財務長的初期，杜綉珍也曾大意失荊州。杜英宗回憶，當年杜綉珍在一次為公司進行外匯避險的操作中，因輕信外部建議，又太過躁進，導致嚴重損失。即使投資本就有風險，杜綉珍還是決定自己承擔結果，填補這筆虧損。記取這次教訓，往後，她在財務的風險控管方面，更重視穩健之道。

成熟與智慧，往往來自於對錯誤的深刻體悟，每一次失誤都像是上師的珍貴教導，讓我們看見不足、增長見識，告訴我們修正的方向。

多年後，她自我剖析：「我是一個驕傲的人，不願意落人口實。」這個驕傲是一種天生倔強，錯了，自己扛的尊嚴。

畫家詩人木心有句話特別適合杜綉珍的傲然心氣：「人從悲傷中落落大方走出來，就是藝術家。」很多時候，發自內心的堅定自己與堅守原則，能讓一個人散發出無畏向前的勇氣——世界尚未崩塌，夢想依然溫潤，而重新站起則是蛻變的契機。

不過，別以為杜綉珍天生就具備精打細算的才能，使她日後成為出色的財務長。大學時期的她可是個貨真價實的月光族，她每個月的零用錢有八百元，比同學們平均四百元多了一倍，總撐不到月底便全數花光。

花到哪去了？看電影、買書、喝著那時洋氣的「浮かぶアイスコーヒ」——那球輕放在咖啡上的冰淇淋，是青春的雲朵。後來，台灣給了它一個中文名字：漂浮冰咖啡。

她無電影不歡，月初時當大爺，豪邁在西門町連看五部院線片，到了中下旬手頭緊，就近在淡水的二輪戲院，省一點還是能看。因為如此，一個月至少有一個星期的餐費被她挪用於享受。然後，她會前往關渡的生力麵工廠，用所剩無幾的零錢購買製麵過程中留下的碎麵，沒錢坐公車，就徒步幾小時，走回淡江大學，靠著這一大袋碎泡麵度過月底。

第三位良師是台北旅店集團創辦人戴彰紀。樂於分享的戴彰紀常邀請朋友同樂、做公益；因自己愛運動，也組建車隊，帶著大家騎車，還會自掏腰包準備餐點與補給，他對杜綉珍說：「大家陪我玩，這太棒了！」這種獨樂不如眾樂的人生態度令她聯想到李白的《將進酒》——人生得意須盡歡，莫使金樽空對月……五花馬，千金裘，呼兒將出換美酒，與爾同銷萬古愁。

這也是杜綉珍嚮往的境界。「戴董可能不知道自己影響了我，」她開始學習戴彰紀，時常呼朋引伴來聚會，召集朋友騎車出遊，個性也變得更開朗，包容性也變大了，她有一群好友，平均年齡小她一到兩輪以上。

杜綉珍說，日文的手足關係——兄弟（きょうだい），是一個人與他

人建立關係的起點。在日本文化中，這個詞也延伸為如手足般親密的朋友。一個人若能擁有跨世代的友誼，靈魂將因持續學習而保持活力，生命也更豐富多彩。

那位當年父親害怕她一個人的獨生女，終究，長成了一顆自信而閃耀的獨立星球，但卻不孤單，因為她打造出寬闊的銀河相伴。

向死而生，但願一生無憾

少時讀李白的《將進酒》，感受的是豪放與瀟灑；而熟年再讀，才深刻領悟詩仙寄寓的那一輪明月——懂得「凡所有相，皆是虛妄」，也多了一份對世事無常的透徹與豁達。

杜綉珍的父母先後於二〇二一年、二〇二三年辭世。親自陪伴雙親走過晚年，她對人生有了更深刻的感悟——但願一生無憾。

母親過世後的那段時間，她讀《心經》、抄《心經》，也聽齊豫版本、張學友粵語版的《心經》，覺得這部經典啟示的智慧真好：「人要戒貪，要能夠看破，《心經》可以幫你許多。」不過，她說，年輕人先不讀，免得過於佛系，削弱應有的企圖心。

七十五歲的她，自然思索過生死。不同於古羅馬政治家西塞羅所認為的「老年最可怕的是孤獨」，杜綉珍認為，老年最可怕的是失去活力，只能無助地躺在病床上。「我不要那樣活著！」她堅決反對無效醫療，有尊嚴比活著還重要。「我本來就反對人活太久！」她斬釘截鐵說，人生的價值在於活得精彩，而非追求長壽，「所謂養生，就是用心享受當下，認真過好生活。」

因此，她的全力以赴不只在工作上，對待生活同樣如此，不願一生就此流逝，總尋找與嘗試那些能夠點燃內心火花的事物，讓生命充滿熱情，「人生的圓滿在於，即使生命停在這一秒，也沒有任何遺憾。」

唯有知道生命無常，才會善待生活日常。如德國哲學家海德格說的，人要向死而生，正因死亡不可避免，生命的每一刻格外珍貴，要於有限生命裡找著意義。之於杜綉珍，她的生命意義是在活得勇敢且無畏，於真實而深刻中體現。

Brave and True——勇敢與真實，宛如她的形容詞，也是她的名詞。

而當一個人能夠勇敢而真實，就能奮力向前，即使是「地才」，也能貼地飛翔，將平凡昇華為不凡。

「我一直希望有更多女性參與騎行，因為我相信有愈多女性騎行，將為社會帶來更多的正面影響力。」杜綉珍說，自己創立Liv的使命，就是要讓騎行變得更容易接觸，吸引更多女性，尤其是年輕女孩。

當女孩們從小開始騎行，她們可以一輩子享受這項運動，騎行能帶給她們快樂、自由和自信：「Liv的精神就是I am Woman，給予每位女性隨心所欲定義自己的權利。」每個女性都可以有自己的一條路。

杜綉珍在創立 Liv 的過程，發現一個非常重要的品牌經營原則——同理心。同理心能讓一個人更理解自己的位置，並建立韌性，用企業的語言是，以消費者為中心，她經常提醒團隊，開發的產品必須是自己都想購買，否則就不要生產，「我自己就是 Liv 的消費者，我是從消費者的角度來做 Liv 品牌，騎自行車不但能夠幫助女性建立自信，還能讓生活有更多的意義。」

你的心，巨大的超乎想像

因為她自己就是如此。騎車後的杜綉珍，感覺到自己變瀟灑了！「兩件車衣、車褲，一套便衣、涼鞋就出發了！以前出門大包小包，鞋子要帶好幾雙。」她說，騎車不只是健身，還是創造屬於自己的快樂「My Way」。

騎行，可以讓人體驗到貼地飛翔。騎行時刻，五感皆醒，能夠感受風輕拂面，鼻端迎來空氣的氣息，眼前是悠然風景，耳邊是車輪與路面的低語，舌尖嘗得到汗水的微鹹滋味。

除了五感之外，杜綉珍還有騎車的第六感——美感。女性騎車，講究的是從頭到腳的美麗，追求的是展現自我的風采，因此，每當她知道有女性友人要騎車環島，她會送上面膜，提醒要帶防曬噴霧：「途中一定要補防曬，不然會曬黑。」騎車路上若遇下雨，她則開心大笑：「多好啊！老天在幫我們塗保濕。」

「她鼓勵所有女性，從不想騎車到想騎車，從不會騎車到挑戰各種難度，從害怕騎車到享受騎車，」財務部林美月也是受到杜綉珍的熱情感染而愛上騎車的其中一人，「她是全公司最認真運動的人，經常帶著我們嘗試各種活動，而且總是第一個報名。」過去的十六年，受到杜綉珍影響而開始騎車的女性數不勝數，不只在她周遭，還有台灣、全世界。

杜綉珍的首騎是五十八歲，開始騎車後，她放下二十七歲起熱衷的高爾夫，轉而專注於探索各地的騎行路線，展現對這項運動的熱愛與堅持。

像是台中市區通往大坑的山路祕境，她熟門熟路，可以告訴你哪個角度能避開鐵皮屋頂，欣賞到最佳觀景；每次前往不同城市度假，她總會特意早起，來一場暢快的晨騎；疫情期間，無法到國外出差，一年內，她的個人騎行公里數突破四千公里，相當於環台四圈。

七十五歲的杜綉珍，仍持續挑戰自己。

二〇二四年，先是在四月時，挑戰從新北騎到台中，全程一百七十五公里，她為此聘請教練進行訓練，每天要在智能訓練台上至少騎行三十分鐘；十月，她跟 Liv 亞洲大使一起挑戰從台北騎到武嶺，這次，她被 Liv 團隊賦予重任，騎著跨時代鉅獻的新品輕量級 E-Bike——Avail E+ 亮相；十一月底，再到日月潭，完騎一百零四公里「環法自行車挑戰賽・日月潭站」……人生短短長長，最有味道的時刻，是一個人願意挑戰之際。

她說：「Start Riding，Stop Aging！（開始騎行，停駐歲月！）」她

自己親身實驗了十六年，是最好的見證人。與杜綉珍一家人都熟識的摯友何凱菁觀察，十年前的杜綉珍給人的印象是嚴肅且有距離感，如今的她散發出平易近人、輕鬆自在的氣質，「Bonnie創造了Liv，Liv也改變了她。」

人生啊，應該多點冒險家精神，別理所當然的被定義——尤其是年齡。**心是一個人的翅膀，你的心，巨大的超乎想像**，別讓任何外在限制阻擋你的飛翔。

我們可以有多個青春期，其實。

巨大中科總部的大廳展示了杜綉珍個人收藏的兩幅藝術家江賢二畫作，其背後蘊藏著一段故事。

那是在「0528」車隊的首騎，一行人從墾丁騎到台東時，特別造訪金樽的江賢二藝術園區，第一眼看到作品時，她被深深震撼住了！想到剛落成的巨大總部：「若大廳能有這樣的藝術，多棒啊！」得知北美館有特展，立刻安排北上觀展，當面向這位德高望重的大師請教該挑選哪幅畫作，江賢二聽完，微笑告訴她，「我將為巨大重新創作。」

當完成《比西里岸之夢 Pisilian21-30、21-31》的消息傳來，雖是疫情期間，她仍迫不及待的搭高鐵到台北，再轉飛機到台東，抵達時，竟是嚴長壽親自開車來接她。當晚，她與江賢二、嚴長壽及其友人夫婦共進晚餐，晚上入住她心底在台東的家——椰子海岸，隔天早晨再騎著 Liv E-Bike 去東河吃包子。

杜繡珍第一眼見到這兩幅畫作時，大片金黃色的《Pisilian21-30》瞬間將她帶回環法大賽現場，熱情與競速氛圍彷彿在眼前；藍色系的《Pisilian21-31》則讓她感受到秋冬清晨騎車時的清新冷意，那般無比純粹。令她感動的是，江賢二親臨總部，為畫作的呈現把關，他細心觀察不同時刻的光影變化，慎重挑選大廳最佳位置，讓這兩幅畫作完美融入。

《比西里岸之夢》這系列畫作是江賢二移居台東，接觸到三仙台的比西里岸部落、pawpaw 鼓聲、美麗海岸、太平洋、部落孩子們揉合而出的靈感。他說：「人需要與大自然的光線生活在一起。」不同於巴黎紐約時期，在封窗空間做畫，到了台東，江賢二開了大大的窗，讓大自然的光線無時無刻映入。

部落，是杜綉珍心中深厚的情懷。擁有八分之一布農族血統的她，長期以來持續捐助原住民孩子，未來，她想做的更多。

二〇二二年，她以父親名字中的「祥」為靈感，創立了祥恩基金會，計劃關注那些對傳統學業不感興趣的部落孩子，希望透過支持和資源，幫助他們掌握實現夢想的能力，做自己喜歡的工作，成為自己想成為的人。

比西里岸之夢 Pisilian21-30

比西里岸之夢 Pisilian21-31

每個人有每個人的活法

傳說，布農族的祖先源自金色的葫蘆花。這種花小巧而柔軟，單瓣卻有無窮力量，能結出大大的葫蘆。就算是葫蘆花，也不會稀哩呼嚕過一生，夜裡綻放的葫蘆花，宛如黑夜中的點點星光。而會開花的樹，即便不在花期，仍然挺立，光合持續作用，枝葉依然繁蔭。

心有多大，這個世界就有多大，**生命是一種邀請——心如穹蒼，每個人有每個人的活法**。你是你自己，我也是我自己，我們都是我們自己。

我們，不止於此，永遠都可以向前一步，探索發現，並積極實現愛、啟發與冒險——Love、Inspire、Venture——Liv 也是杜綉珍的人生特寫。

去愛吧！像杜綉珍一樣，愛世界也會記得愛自己。她說：「我愛巨大五十二年，現在我更愛我自己。」她規劃好退休後的旅行，首站是一直想去的葡萄牙。她也為社會貢獻所長，加入併購大師黃日燦主導的產業再造基金（台灣首個透過入股協助產業轉型的基金），成為審委一員，協助傳產翻轉再生，弱勢企業升級。

人生只有一次，像她那般盡情地活，多為自己創造快樂，保持對學習的熱情，既汲取啟發，也啟發他人——Liv是她獻給女性的一封情書，更是她用以啟迪他人的一生志業。

十月，她跟孫女挑戰了台南十鼓文創園區中，達五層樓之高的「極限大擺盪」，在腎上腺素飆升的高空擺盪後，她說：「我是Flying阿嬤！」哎呀！歲月是長長的空鏡頭，不要只設定在某個場景，如她，做個探險者，年輕是一種思維，要大笑，要做夢，要敢與眾不同，不拘泥於框架，不隨波逐流。

活得真實是一種誠意，四季的輪轉不斷告訴我們：花落了，也會再開。衡量人生的標準，不在於某個年齡應完成什麼，而在於是否自我實現，活出自己喜歡的樣子。無所畏懼、無謂得失、無愧於心。

生命如花，你會在自己的花期綻放。

現在的你，可能想成為很多人，願之後的你，只想成為你自己。

即使經歷挫折，不要抱怨，不要放棄，別轉頭就跑。害怕是一種邀請——讓你有機會慶祝自己的勇氣，每個微笑、每滴淚水都在提醒，勇敢才是真正值得追求的勝利，體驗才是需要擁抱的真理。

因為你是未完成的交響曲，隨時可重新編曲。安可！

Venture

使命與熱情

2024 年，杜綉珍向朋友發出邀請，從新北八里出發、終點台中巨大總部，騎上單車「175，一騎舞！」
這是杜綉珍慶祝 75 歲生日的特別企劃，這是一個「應該做得到，但也不太容易」的挑戰：一日完騎 175 公里。她們／他們做到了！

Liv 誕生。2008 年，杜綉珍創辦全球第一個女性自行車品牌 Liv。4 月 22 日旗艦店 Liv/giant 開幕後，由杜綉珍領騎成軍的「Rolling Rose 搖滾玫瑰環台挑戰團」，從淡水出發，展開為期十二天，九百六十八公里單車環島之旅。杜綉珍與 Liv 團隊身體力行，帶領女性騎上單車，重新定義以男性為主體的自行車世界。

品牌獨立。2014 年 Liv 正式脫離 giant 成為獨立品牌。與杜綉珍一起宣布這件大事的三位選手，上圖左起分別是瑪麗安娜・沃斯（Marianne Vos）、波琳・費蘭德 - 普雷沃特（Pauline Ferrand-Prévot）、約蘭達・內芙（Jolanda Neff），她們都是國際賽事常勝軍，也是 Liv 贊助的選手。其中波琳在 2024 巴黎奧運摘下女子越野賽金牌，與另外兩位選手皆為奧運金牌得主。（下圖為 Liv Angels，為 Liv 初創時期來自全球各地的夥伴）

自我實現。2022 年，七十三歲的杜綉珍，參加環法職業業餘邀請賽，成功完騎第四賽段（六十六公里）。當她衝向終點，代表的意義不只是她身為 Liv 創辦人對女性自行車運動的支持，更是一種人生的自我實現。

勇敢與真實。每一個賽事、每一段騎行，對杜綉珍來說都是「玩真的」，絕對不是在起點作勢出發、在終點拍照就好。從 58 歲開始騎行，個人累積四次環島、騎遍海內外數萬里程。單車之於她，絕不是一場行銷秀，而是一種邀請。邀請所有人騎上自行車，掌握自己的方向，享受貼地飛翔。（攝影 易宏柏）

Liv 品牌轉捩點

杜綉珍重要騎行

2007

Giant for women
在美國驗證

首騎初體驗
台南 - 高雄

2008

Liv 的誕生
Liv/giant 台北女性店開幕

第一次環島
世界地球日
帶領搖滾玫瑰，
騎行 968 公里

2011

西進武嶺

第二次環島
全球總經理 Formosa 900

第三次環島
捷安特旅行社環島旅行

2017

個人三鐵完賽

How We Liv
女性公路車 Langma 誕生
推出女性電動輔助自行車

2018

Liv Iron Girl 台灣
贊助女性專屬三鐵

2019

Liv Forward
Campaign

2020

Liv Committed
Devote Gravel
礫石公路車上市

北進武嶺

獲選 Top 50
自行車界影響力人物 No.28

2021

Feature Collection
全球發表三套 bike, gear
自行車美學

2012

Liv 的覺醒
服務式體驗
東京、杭州展店
推出高階車款

日本島波海道
騎行 145 公里

2013

專屬女性公路車
Avail
全球發表

Liv456 三鐵接力賽
與二位表妹接力
負責 90 公里騎行

2014

Liv 獨立宣言
數位行銷、運動行銷
影響全世界

第四次環島
慶祝巨大創辦人
劉金標 80 歲生日

富士山登山
24 公里、
高度 1270 米

2015

Lady Boss
老闆娘計劃

通路布局
走出亞洲，杜拜、雪梨展店

AVOW
女性三鐵車
全球發表

2016

Actually I can
連兩年獲選英國
最佳自行車品牌

2022

建立線上
Liv Cycling Club
精耕台灣客群

女子環法職業
一業餘挑戰
完騎第四站全程 66 公里、
爬升 990 公尺

2024

Liv 輕量級
電動輔助自行車
Avail E+ 誕生

一日北中
完騎 175 公里

北進武嶺
領騎亞洲 Liv 大使

國家圖書館出版品預行編目（CIP）資料

勇敢與真實：Liv創辦人杜綉珍的顛覆與創造／林靜宜著.-- 第一版. -- 臺北市：天下雜誌股份有限公司，2024.12
296面；14.8×21公分. --（美好生活；053）
ISBN 978-626-7468-71-5（平裝）

1.CST：杜綉珍　2.CST：傳記　3.CST：成功法

783.3886　　113018326

美好生活 053

勇敢與真實

Liv創辦人杜綉珍的顛覆與創造

作　　者／林靜宜
封面、版型設計／FE Design
封面攝影／潘石屹
內文排版／邱介惠
責任編輯／何靜芬

天下雜誌群創辦人／殷允芃
天下雜誌董事長／吳迎春
出版部總編輯／吳韻儀
出 版 者／天下雜誌股份有限公司
地　　址／台北市 104 南京東路二段 139 號 11 樓
讀者服務／（02）2662-0332　傳真／(02）2662-6048
天下雜誌GROUP網址／ http://www.cw.com.tw
劃撥帳號／01895001天下雜誌股份有限公司
法律顧問／台英國際商務法律事務所・羅明通律師
製版印刷／中原造像股份有限公司
總 經 銷／大和圖書有限公司　電話／（02）8990-2588
出版日期／2024 年 12 月 20 日第一版第一次印行
　　　　　2025 年 1 月 14 日第一版第二次印行
定　　價／550 元

書 號：BCCN0053P
ISBN：978-626-7468-71-5

直營門市書香花園　地址／台北市建國北路二段6巷11號　電話／02-2506-1635
天下網路書店　shop.cwbook.com.tw　電話／02-2662-0332　傳真／02-2662-6048
本書如有缺頁、破損、裝訂錯誤，請寄回本公司調換

天下雜誌出版
CommonWealth
Mag. Publishing